Cahier de français POUR LES NULS

Gilles Guilleron

FIRST Editions

Cahier de français pour les Nuls

ISBN : 978-2-7540-1303-1
Dépôt légal : 2e trimestre 2009

Édition : Marie-Anne Jost
Secrétariat d'édition : Charlène Guinoiseau
Mise en page et illustrations : Fabrice Del Rio Ruiz (www.fabdelrio.com)
Couverture : Fabrice Del Rio Ruiz
M. Nul est habillé par : David Beuque
Production : Emmanuelle Clément

Imprimé en France par Pollina - L21931

Éditions First
60 rue Mazarine
75006 Paris
Tél. : 01 45 49 60 00
Fax : 01 45 49 60 01
e-mail : firstinfo@efirst.com
Site internet : www.editionsfirst.fr

Introduction

Que celui qui n'a jamais fait de fautes lève le doigt ! Nous avons tous au moins le souvenir d'une copie rougie par l'encre du professeur, avec des annotations comme : *mal dit, charabia, galimatias, que voulez-vous dire ? accord ! le genre ! le temps ! le mode ! n'existe pas ! bla-bla, etc.*

Eh bien, ce cahier est un concentré de fautes : celles que vous avez peut-être faites un jour, celles que vous ferez, celles que vous avez trouvées dans la bouche ou dans les écrits de vos proches, de vos collègues, de personnalités ! Bref, celles que tout le monde peut faire.

Il y en a pour tous les goûts, tous les âges, des faciles, des énormes, des plus discrètes, des difficiles à trouver, des fautes pointues pour les amateurs, mais aussi des inattendues auxquelles vous ne pensiez pas, que vous n'aviez jamais rencontrées.

Ce cahier est organisé en huit parties :

Voyage au pays du Lexique (p. 4)

Embarquement immédiat pour un voyage au pays des fautes concernant les mots, les genres, les accords. Un voyage à faire absolument, sans faute !

Le grand cinéma (p. 12)

Ou quand les verbes passent à l'action par tous les temps, modes et voix. De vrais artistes.

La visite d'un chantier extraordinaire (p. 18)

C'est un chantier ouvert au public, mais attention tout y est de guingois, il y a du travail pour tout remettre d'aplomb.

Le parc à fautes (p. 23)

Bienvenue dans le parc à fautes ! Des fautes « énormes » ! Vous allez bien vous amuser et peut-être même vous faire des frayeurs à trouver les fautes !

Le grand théâtre (p. 29)

Les trois coups ont retenti ; le rideau se lève, que le spectacle des fautes commence !

Au Bonheur des fautes (p. 36)

On trouve tout Au Bonheur des fautes ! Faites vos emplettes ; dans chaque rayon, un grand choix de fautes. À la portée de tous !

Qui êtes-vous ? (p. 43)

Des fautes aux graphies ? Trouvez ou ne trouvez pas les fautes, et nous vous dirons qui vous êtes !

Tenue correcte exigée (p. 49)

Ici, c'est un monde sans faute qui vous attend : toutes les corrections avec des explications et un zest d'humour sans faute de goût !

4 Voyage au pays du Lexique

Bienvenue sur la planète des mille et une fautes. En apparence, cette planète ressemble étonnamment à la nôtre ; mais, à y regarder de plus près, un curieux sortilège a frappé la langue écrite et orale : partout des fautes se sont glissées et se dissimulent ; saurez-vous les retrouver ? Bienvenue, donc, sur la planète des signes, et devant les fautes énormes que vous allez rencontrer, ne faites pas la grimace, car vous n'ignorez pas que « signes » est l'anagramme de « singes » ! Commençons la visite de cette planète par un petit voyage au pays du Lexique ; « les voyages forment la jeunesse », disait Montaigne…

C'est décidé, vous allez partir en voyage…

C'est l'heure du choix : vous hésitez encore entre trois offres alléchantes proposées par un magazine spécialisé. Comment choisir ? Faites votre choix en retenant l'offre qui contient le plus de fautes !

A	Visitez cette merveilleuse ile découverte par Christophe Colomb lors de son troisième voyage ; venez vivre au rythme des vagues de l'océan et de la douceur des alizées. Découvrez les couleurs du marché aux épices et aux poissons. Partez à la rencontre d'une faune et d'une flore exhubérantes et magnifiques. Venez vivre l'hiver dans la douceur estivale de Jamaïnul.
B	Sous leur manteau d'hiver, nos montagnes magiques vous attendent dans le plus grand domaine skiable d'europe. Venez découvrir nos multiples activités de neige, l'ambiance chaleureuse et conviviale de nos restaurants typiques, la qualité de nos hébergements. La glisse de SuperNul 2000.
C	Toujours là, prêtes à être exploré, nos forêts sont restées sauvages et mystérieuses ; si vous avez le gout de l'aventure et si vous cherchez un vrai contact avec la nature, alors n'hésitez plus : l'oran-outang, les orchidés géantes, les oiseaux-lyres vous attendent dans le grand parc national de Nulloland, à quelques heures en voiture de Nulcity.

Nombre de fautes	**A :**	**B :**	**C :**

Contrôle d'identité

À l'embarquement, dans la file des déterminants, repérez-vous des resquilleurs ?

Articles définis, indéfinis, partitifs. Adjectifs possessifs, démonstratifs, interrogatifs, exclamatifs, qualificatifs, numéraux.

Ouf ! Vous êtes dans l'avion…

Un avion qui vous emporte vers ce fameux pays du Lexique… Pour passer le temps, vous lisez un magazine avec ses inévitables pages publicitaires. Chacune de ces publicités comporte-t-elle une, deux ou trois fautes ?

Voici une automobile révolutionnaire, la nouvelle Nulle !

Simple loisir ou véritable style de vie ? Quelque soit la nature de vos activités, la nouvelle Nulle Série 4 vous accompagnera partout oừ vous mèneront vos passions. Elle vous offrira une expérience de conduite inoubliable grâce notamment à sa technologie 4 roues motrices intelligentes, maintenant également disponible sur la Nulle 400 série sport.

Avec Montranulle, mettez-vous à l'heure du XXIe siècle

Sans pile et se remontant grâce au mouvement de votre poignée, la Montranulle constitue un bijoux de la grande horlogerie dont vous apprécirez la finesse et la précision. Dotée d'un mouvement mécanique automatique par oscillation, résistante à l'eau, cette montre d'une grande précision vous accompagnera dans tous vos rendez-vous du XXIe siècle.

Lectures de voyage

Vous avez aussi apporté avec vous vos lectures favorites ; mais regardez-les, elles semblent avoir subi l'influence de la planète des signes.

Le coup du Lapin Blanc

Alice commençait à se sentir très lasse de rester assise à côté de sa sœur, **sur** *le talus,* **et** *de n'avoir rien à faire : une fois* **ou** *deux, elle avait jeté un coup d'œil* **sur** *le livre que lisait sa sœur ;* **mais** *il ne contenait* **ni** *images* **ni** *dialogues : «* **Et***, pensait Alice, à quoi peut bien servir un livre où il n'y a* **ni** *images* **ni** *dialogues ? »*

Elle se demandait (dans la mesure où elle était capable de réfléchir, **car** *elle se sentait tout endormie* **et** *toute stupide à cause de la chaleur) si le plaisir de tresser une guirlande de pâquerettes valait la peine de se lever* **et** *d'aller cueillir des pâquerettes, lorsque, brusquement, un Lapin Blanc aux yeux roses passa en courant* **près** *d'elle.*

Lewis Carroll, *Alice au pays des merveilles*, 1865.

Ce drôle de Lapin Blanc vous affirme que tous les mots en caractères gras du texte sont des conjonctions de coordination ; êtes-vous d'accord avec lui ?

L'île des fautes

Vous n'allez pas sur une île déserte ? Mais vous ne voyagez jamais sans Robinson, surtout un vendredi ! Saurez-vous retrouver les mots qui ont fait naufrage ?

Ensuite ma première préoccupation fut de reconnaître le pays, et de chercher un endroit favorable pour ma demeure et pour ranger mes bagages, et les mettre à couvert de tout ce qui pouvait advenir. J'ignorais encore où j'étais. Était-ce une île ou le continent ? Était-ce habitée ou inhabitée ? Étais-je ou n'étais-je pas en danger des bêtes féroce ? À un mille de moi au plus, il y avait une montagne très haute et très escarpé qui semblait en dominer plusieurs autres dont la chaîne s'étendait au nord. Je pris un de mes fusils de chasse, un de mes pistolets et une poire à poudre, et armée de la sorte je m'en allai à la découverte sur cette montagne. Après avoir, avec beaucoup de peine et de difficulté, gravi sur la cime, je compris, à ma grande affliction, ma destinée, c'est-à-dire que j'étais dans une île au milieu de l'Océan, d'où je n'apercevais d'autre terre que des récifs fort éloigné et deux petites îles moindre que celle où j'étais, située à trois lieues environ vers l'ouest.

Daniel Defoe, *Robinson Crusoé*, 1719.

Indice : on ne peut pas toujours être d'accord !

Voyage au pays du Lexique

Jules Verne est aussi dans vos bagages

Le tour du monde en quelques fautes avec l'oncle Jules !

Phileas Fogg avait quitté sa maison de Saville-Row à onze heures et demie, et, après avoir placé cinq cents soixante-quinze fois son pied droit devant son pied gauche et cinq cents soixante-seize fois son pied gauche devant son pied droit, il arriva au Reform-Club, vaste édifice, élevé dans Pall-Mall, qui n'a pas coûté moins de trois millions à bâtir.

Phileas Fogg se rendit aussitôt à la salle à manger, dont les neuf fenêtres s'ouvraient sur un beau jardin aux arbres déjà dorés par l'automne. (…)

À midi quarante sept, ce gentleman se leva et se dirigea vers le grand salon, somptueuse pièce, ornée de peintures richement encadrées. Là, un domestique lui remit le Times non coupé, dont Phileas Fogg opéra le laborieux dépliage avec une sûreté de main qui dénotait une grande habitude de cette difficile opération. La lecture de ce journal occupa Phileas Fogg jusqu'à trois heures quarante-cinq, et celle du Standard – qui lui succéda – dura jusqu'au dîner. Ce repas s'accomplit dans les mêmes conditions que le déjeuner, avec adjonction de « royal british sauce ».

Jules Verne, *Le Tour du monde en quatre-vingt jours*, 1873.

Indice : un temps bien compté ?

S'il n'en reste qu'un !

Il est là, c'est Victor Hugo, mais vous devez ranger votre sac, car l'avion va se poser ! Heureusement, il n'y a qu'une faute, mais vous devez la trouver en moins de vingt secondes ! Quand vous aurez trouvé, proposez à une autre personne de chercher à son tour !

J'avais, comme je vous l'ai dit, laissé le village derrière moi. Le soleil était ardent, la fraîche haleine du Rhin s'attiédissait, la route se couvrait de poussière ; à ma droite s'ouvrait étroitement entre deux rochers un charmant ravin plein d'ombre ; un tas de petits oiseaux y babillaient à qui mieux mieux et se livraient à d'affreux commérages les uns sur les autres dans les profondeurs des arbres ; un ruisseau d'eau vive grossie par les pluies, tombant de pierre en pierre, prenait des airs de torrent, dévastait les pâquerettes, épouvantait les moucherons et faisait de petites cascades tapageuses dans les cailloux ; je distinguais vaguement le long de ce ruisseau, dans les douces ténèbres que versaient les feuillages, un sentier que mille fleurs sauvages, le liseron, le passe-velours, l'hélicryson, le glaïeul aux lancéoles cannelées, la flambe aux neuf feuilles perses cachaient pour le profane et tapissaient pour le poète.

Victor Hugo, Le Rhin, *lettre vingtième*, 1839.

Indice : une faute à trouver avant la Trinité !

Ouf ! L'avion s'est posé...

Des turbulences ont secoué l'appareil à l'atterrissage. Parmi les passagers, des mots ne savent plus trop s'ils sont féminins ou masculins ! Aidez le préposé à orienter ces mots à l'entrée des toilettes de l'aéroport !

	Dames	Messieurs
Acné		
Acrostiche		
Algèbre		
Amiante		
Caducée		
Camée		
Coriandre		
Échappatoire		

	Dames	Messieurs
Écritoire		
Exergue		
Gemme		
Gynécée		
Météorite		
Nymphée		
Octave		
Romanée		

Indice : la parité est à l'œuvre !

Les adjectifs possessifs et démonstratifs sont tout fiers d'avoir voyagé en cabine, les autres mots ont voyagé en soute ; cela doit se voir !

	Cabine	Soute
mon		
ton		
mont		
son		
ma		
ta		
sa		
mes		
tes		
thon		
ses		
nôtre		
met		

	Cabine	Soute
mas		
l'heure		
vôtre		
leurs		
nos		
vos		
ces		
c'est		
sais		
ce		
cet		
sept		
cette		

Indice : en soute, ils étaient dix.

LE SAVIEZ-VOUS ?

Pas de galanterie entre lettres !

Le genre des lettres de l'alphabet a fluctué au cours des siècles, notamment celui des consonnes *f, h, m, n, r, s* (on pouvait mentionner « une *h* aspirée » ou « une *f* » dans le Littré ou le Larousse du XXe siècle). Cette fluctuation n'a plus cours : aujourd'hui toutes les lettres sont du genre masculin.

8 Voyage au pays du Lexique

Passage de frontière

Seuls les adjectifs indéfinis ont leur passeport en règle ; les autres devront patienter…

	Passent	Devront patienter
certain		
aucun		
vers		
nul		
chaque		
n'importe lequel		
leur		
bien des		

	Passent	Devront patienter
quel		
telle		
plusieurs		
différents		
dont		
quelque		
tous		
vingt		

Indice : ils pourraient faire une équipe de basket.

Qui a raison ?

Vous avez loué une voiture pour vous rendre à votre hôtel. Vous devez introduire une liste de déterminants dans le GDDD (Grand Débrouilleur De Déterminants) et faire le bon choix entre A, B et C, pour trouver l'itinéraire qui vous mènera directement à votre hôtel.

Liste : *sa* • *quelques* • *du* • *de la* • *deux* • *de* • *notre* • *mon* • *les* • *des* • *huit* • *l'* • *le nôtre* • *un* • *aux*

A affirme que la liste ne contient que des déterminants.

B affirme qu'un intrus s'est glissé dans la liste.

C affirme qu'il y a plusieurs intrus dans la liste.

Choisir sa chambre ?

Vous voilà à l'hôtel. Le réceptionniste qui est joueur vous dit que la clé de votre chambre est rangée sur la ligne comportant une seule fausse affirmation.

1. Tous ces mots sont des pronoms possessifs :
   le mien, le tien, vos, les nôtres, ma, la leur, les siens, votre.

2. Tous ces mots sont des pronoms démonstratifs :
   celui, celle, ceux, cet, celles-ci, ces, celui-ci.

3. Tous ces mots sont des pronoms personnels :
   je, tu, me, te, se, vous, leur, en, y, la, le, des.

4. Tous ces mots sont des pronoms interrogatifs :
   qui, que, à quoi, quelque, telle, qu'est-ce qui, de qui.

Suivez le guide

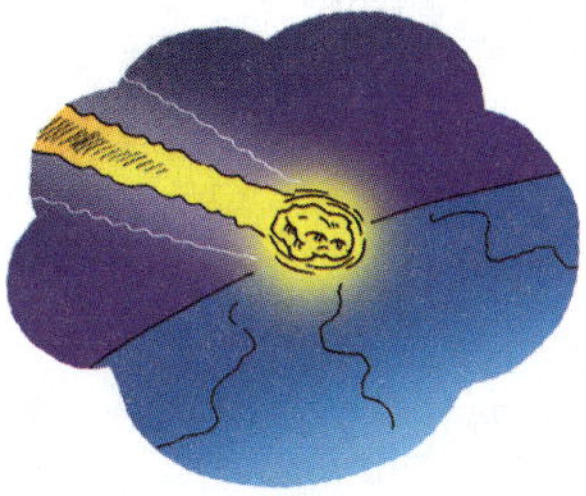

Il est charmant mais il ne maîtrise pas toutes les subtilités de notre belle langue. Heureusement, vous êtes là ! Glissez-lui discrètement les bonnes formules.

Messieurs dames, vous rentrerez après que vous ayez vu le splendide coucher de soleil sur la montagne et les côtes marines. Demain, nous irons nous promener alentour de la ville ; vous visiterez une magnifique orangeraie et vous pourrez acheter des fruits ; ils sont succulents à cette période de l'année et surtout ils sont moins chers qu'ils étaient il y a un mois. Pour vous ce sera intéressant du point de vue pécunier, c'est vraiment une occasion à profiter. Nous mangerons sur place à la bonne flanquette, vous verrez, ce n'est pas du luxe mais c'est chaleureux.

Indice : renversé le nombre de fautes serait infini…

LE SAVIEZ-VOUS ?

L'ancêtre des dictionnaires

En 1560, Jean Nicot a introduit le tabac à la cour de Catherine de Médicis afin de soigner les migraines de son fils François II ; l'herbe à Nicot a donné le mot nicotine. Mais son œuvre majeure, qui fit un « tabac » excellent pour la santé, fut la rédaction du premier dictionnaire de la langue française moderne, *Thresor de la langue françoyse tant ancienne que moderne*, publié en 1606.

Mésaventure !

Lorsqu'on voyage, l'on prend parfois des risques : il est important de bien **mettre l'accent** sur la sécurité et sur les mots concernés. Ce témoignage vous le rappelle et a bien besoin de votre expérience…

Il faut que je vous raconte cette mésaventure qui m'est arrivée hier matin. Après le petit déjeûner, j'ai loué une voiture, presque neuve, parfaitement rôdée selon les dires du loueur, pour aller visiter un vieux village perché en haut d'un piton rocheux. Après avoir roulé à flanc de côteau, j'attaquai la cote finale lorsque la panne est survenue sous la forme d'une épaisse fumée noiratre sortant du moteur. J'ai réussi à me garer sur le bas-coté, au ras de l'abime, et j'étais à me désoler quand a surgi, de nulle part, un cavalier monté sur un ane ; comme c'est la coûtume ici, il s'est arrêté à ma hauteur pour s'inquiéter de mon sort. Après avoir attaché son animal à un arbre situé le long de la route un peu en avant de la voiture, il m'a demandé de soulever le capot. Sur de lui, il a diagnostiqué une durite desserrée. Il m'a alors suggéré de me glisser avec une pince sous la voiture pour resserrer un collier tandis que lui maintiendrait la pièce par le dessus ; aussitôt dit, aussitôt fait. J'étais en train de jouer le mécano quand soudain j'ai entendu un bruit de cataracte très près de moi, et l'instant d'après, un liquide chaud qui ruisselait sur le goudron et venait me mouiller. Je suis sorti précipitamment de dessous la voiture pour apercevoir le cavalier hilare en train de regarder sa bête finissant d'uriner !

Indice : attention au chapeau de gendarme !

Faute exprès/express

Sur la route qui mène à l'hôtel, votre regard croise cet avertissement :

Respectez la limitation de vitesse, les contrôles radar sont fréquents.

Vous avez respecté l'avertissement, mais avez-vous trouvé la faute ?

10 Voyage au pays du Lexique

Un guide en toutes lettres

Panne de clavier numérique ! Du coup, tous les chiffres sont en lettres ! Pas commode pour lire la notice du guide. À déchiffrer donc !

Nulsylvestre, parc national

À deux cents vingt-cinq km au sud de Nulcity. On a donné à cet endroit le nom de Nulsylvestre en souvenir d'une tribu primitive, les Nulsylvains, qui vécurent là il y a environ trois mille quatre cents ans. Ce parc d'une superficie de mille deux cent cinquante hectares est couvert essentiellement de conifères ; malheureusement, une partie a brûlé en juillet deux milles trois, mais le parc demeure une zone privilégiée pour la faune et la flore. Attention, car les loups et les ours se comptent par centaines. Un itinéraire balisé vous permettra de vous arrêter sur dix-huit points d'observation protégés. Les routes forestières sont très sinueuses, il faut compter une heure et demi pour traverser le parc d'est en ouest.

Indice : un, deux, trois, soleil !

Le correcteur d'orthographe

Le trait d'union ne doit pas faire l'objet de discorde ! Avec les adjectifs numéraux cardinaux (un, deux, trois,... vingt, quarante,... soixante, cent, mille), vous l'utiliserez uniquement entre les dizaines et les unités : deux mille cent quatre-vingt-quatre.

La carte postale

Elle est magnifique votre carte postale et vous devez l'envoyer sans faute… avant de partir !

Chers amis,

Voila quinze jours que je suis dans ce magnifique pays. Les deux premiers jours, le décalage horaire s'est fait ressentir, mais maintenant tout est rentré dans l'ordre. Il fait un temps splendide et les paysages sont de toute beauté. Des mon retour, vous n'échapperez pas au diaporama. Ici, la montagne et l'océan sont omniprésents ; je fais une véritable cure de fruits de mer ! Aujourd'hui, nous allons explorer des grottes sous-marines en kayak de mer, çà promet de belles émotions !

Je vous embrasse.

Indice : à l'étranger, il faut travailler son accent.

L'heure du retour !

Un peu de nostalgie et le souvenir d'un poème de Joachim Du Bellay, grand voyageur ; mais un vent de fautes a soufflé sur le poème !

Heureux qui, comme Ulysse, a fait un beau voyage,
Où comme cestui-là qui conquis la toison,
Et puis ait retourné, plein d'usage et raison,
Vivre entre ces parents le reste de son age.

Quand reverrais-je, hélas ! de mon petit village
Fumé la cheminée, et en quel saison
Reverrais-je le clôs de ma pauvre maison,
Qui m'est une province et beaucoup d'avantage ?

Plus me plait le séjour qu'ont bati mes aïeux
Que des palets romains le front audacieux,
Plus que le marbre dure me plait l'ardoise fine,

Plus mon Loire gaulois que le Tibre latin,
Plus mon petit Liré que le mon Palatin
Et plus que l'air marin la douceur angevinne.

Joachim Du Bellay, *Les Regrets*, 1558.

Résultats

Niveau 1 : vous avez trouvé 6 fautes. Ce n'est pas votre faute : certes, mais vous pouvez toujours faire mieux !
Niveau 2 : vous avez trouvé 10 fautes. À revoir sans faute : c'est déjà mieux, mais poursuivez !
Niveau 3 : vous avez trouvé 14 fautes. C'est la faute à Voltaire : les fautes se font rares, vous êtes en route pour la perfection !
Niveau 4 : vous avez trouvé 18 fautes. Un sans-faute ! L'Olympe est atteint : regardez au menu, nectar et ambroisie dans un monde sans faute.

Sur la valise, plein de souvenirs sous la forme d'autocollants fautifs...

Visitez Nulsylvestre, un oasis de verdure.
Restaurant du Piton, le palais des aromates savoureuses.
Rencontrez la féerie de la grotte aux stalactites géants.
Venez gouter à notre hâvre de paix.
Pâtisserie Nullâme, spécialités : charlote aux fraises et génoise à la liqueur de griote.
Avec Nullangues, devenez polyglote.
Avec Nullavoyages, partez à la découverte des calanques bleu-vert et de ses eaux turquoises.
Musée Nullartland : des œuvres créés par la nature.

Résultats

Niveau 1 : vous avez trouvé 3 fautes. Ce n'est pas votre faute : certes, mais vous pouvez toujours faire mieux !
Niveau 2 : vous avez trouvé 5 fautes. À revoir sans faute : c'est déjà mieux, mais poursuivez !
Niveau 3 : vous avez trouvez 8 fautes. C'est la faute à Voltaire : les fautes se font rares, vous êtes en route pour la perfection !
Niveau 4 : vous avez trouvé 10 fautes. Un sans-faute ! L'Olympe est atteint : regardez au menu, nectar et ambroisie dans un monde sans faute.

LE SAVIEZ-VOUS ?

Et le français naquit...

En 842, trois frères se disputent l'héritage de leur grand-père ; c'est triste, penserez-vous, mais c'est surtout historiquement un moment charnière dans l'histoire de l'Europe et de la langue française. En effet, ces trois frères sont Charles le Chauve, Louis le Germanique et Lothaire 1er, petits-fils de Charlemagne ! Les deux premiers signent une alliance militaire pour contrecarrer les projets hégémoniques du troisième : ce sont les *Serments de Strasbourg* rédigés en langue romane pour les troupes de Charles le Chauve et en langue tudesque (l'ancêtre de l'allemand) pour les armées de Louis le Germanique. Le texte en langue romane est la première apparition de l'ancêtre de la langue d'oïl et du français ; il a été retranscrit dans *l'Histoire des fils de Louis le Pieux*, œuvre de l'historien Nithard, autre petit-fils de Charlemagne ! Une copie réalisée vers l'an 1000 est soigneusement conservée à la Bibliothèque nationale. Voici un extrait de l'acte de naissance de notre langue : *Si Lodhuvigs sagrament, que son fradre Karlo iurat, conservat, et Karlus meos sendra de suo part non lo tanit, si io returnar non l'int pois : ne io ne neuls, cui eo returnar int pois, in nulla aiudha contra Lodhuvig non li iu er* ; en d'autres termes : *Si Louis observe le serment qu'il jure à son frère Charles et que Charles mon seigneur, de son côté, ne le maintient pas, si je ne puis l'en détourner, ni moi ni aucun de ceux que j'en pourrai détourner, nous ne lui serons d'aucune aide contre Louis.*

12 Le grand cinéma

Les verbes sont les acteurs principaux de la phrase et de la langue : ils font leur cinéma et nous proposent de l'action, des sentiments. Nous vous offrons un petit tour par les salles obscures. Installez-vous confortablement, les lumières s'éteignent. Que le film commence…

« Parle avec L »

Tous ces verbes veulent faire de la figuration ; la production cherche seulement dix verbes : son critère de sélection, retenir les verbes qui doublent leur consonne *l* devant un *e* muet et ne prennent pas un accent grave. Sélection, action !

appeler • *amonceler* • *carreler* • *celer* • *ciseler* • *congeler* • *démanteler* • *écarteler* • *écheveler* • *étinceler* • *fuseler* • *geler* • *grommeler* • *marteler* • *modeler* • *museler* • *peler* • *renouveler* • *receler* • *ruisseler*

Le correcteur d'orthographe

Un verbe qui interpelle !

Interpeller est un verbe qu'il faut se rappeler ; en effet sa prononciation est identique à celle du verbe *appeler* et pourtant il conserve ses deux *l* dans sa conjugaison contrairement à *appeler* : *nous interpellons ; nous appelons.*

À l'affiche

La langue française compte environ 12 000 verbes : le premier groupe (les verbes en *er* à l'infinitif), avec plus de 10 000 verbes, se taille la part du lion ; les deux autres groupes se partagent le reste.

Quel titre n'a pas sa place dans la programmation ?

Le facteur sonne toujours deux fois
J'irai cracher sur vos tombes
Je vous trouve très beau
Marche à l'ombre
Délivrez-vous du mal
Autant en emporte le vent
La meilleure façon de marcher
Le train sifflera trois fois

Autant en rempote le vent

Vous l'avez compris, un fameux coup de vent a mélangé les lettres de chaque verbe conjugué. Retrouvez la bonne anagramme !

Dans ***Un taxi pour Tobrouk***, les acteurs charment beaucoup.
La voiture de James Bond ne lace jamais.
Les héros de ***Titanic*** calment leur bonheur à la proue du navire.
Robin des Bois rame les paysans pour lutter contre le vilain shérif.
Dans ***L'affaire Pélican***, l'héroïne (Julia Roberts) ne pile pas devant ses adversaires.

Remise de récompense

L'actrice est émue… À vous de garder votre sang-froid et de rectifier discrètement la prestation…

Je ne m'attendai pas à recevoir une telle récompense ; je suis très ému et bouleversé. Je voudrais tout d'abord remercier mon producteur qui m'a associé à cette belle aventure et sans qui je ne serai pas là ce soir. Un grand merci au metteur en scène qui m'a donnée ce si beau rôle ; merci à tous mes camarades que je ne citerais pas ce soir, j'ai trop peur d'en oublier un. Merci à mes parents qui m'ont encouragé. Merci à la profession pour cette marque de confiance. Merci du fond du cœur à tous ! Et si j'ai fait des fautes, corriger-moi mais soyez indulgent !

Nous sommes en 1956

Charlton Heston répète une dernière fois son rôle de Moïse et relit sur une feuille les dix commandements qu'il doit prononcer dans le film de Cecil B. De Mille ! À coup sûr, c'est un grand acteur (dans tous les sens du terme), mais la conjugaison n'est pas son fort ! Aidez-le à faire une petite mise au point pour qu'il soit parfait !

Les dix commandements

1er : *Je suis le Seigneur ton Dieu.*
2e : *Tu ne prononcera pas le nom de Dieu en vain.*
3e : *Se souvenir de sanctifié les jours festifs.*
4e : *Honores ton père et ta mère.*
5e : *Tu ne tuera point.*
6e : *Tu ne commettras pas d'adultère.*
7e : *Tu ne voleras pas.*
8e : *Tu ne feras pas de faux témoignages.*
9e : *Tu ne désiras pas la femme de ton prochain.*
10e : *Tu ne convoiteras pas le bien de ton prochain.*

Les sept mercenaires !

Ils se sont glissés parmi des verbes qui existent même s'ils vous paraissent étonnants. Saurez-vous les retrouver ?

1. acenser • 2. adsorber • 3. affouager • 4. allégir • 5. amordancer • 6. autotomiser • 7. barbifier • 8. bauger • 9. boucharder • 10. blachauder • 11. calamistrer • 12. candir • 13. chanstiquer • 14. cônir • 15. débagouler • 16. dindonner • 17. écaffer • 18. embroncher • 19. embataver • 20. ensauver • 21. espoliner • 22. faseiller • 23. fluer • 24. gréser • 25. grébir • 26. havir • 27. hucher • 28. infatuer • 29. jaliner • 30. jasper • 31. louchir • 32. matir • 33. moitir • 34. noliser • 35. nordir • 36. ouiller • 37. pajoter • 38. pramiser • 39. primariser • 40. quarrer • 41. raire • 42. ricasser • 43. roustir • 44. saurir • 45. striquer • 46. taquer • 47. tolisser • 48 troussequiner • 49. virguler

À RETENIR

Le correcteur d'orthographe

Dans le cadre de la quinzaine du beau langage, ne disez pas disez mais disez dites, plaisante le chanteur Julos Beaucarne ; encore que… La forme verbale *disez* a bel et bien existé comme la forme *faisez* pour le verbe *faire* ; mais progressivement les impératifs *dites* et *faites* très utilisés dans la langue orale se sont imposés à la deuxième personne du pluriel au présent de l'indicatif. D'ailleurs, vous n'oublierez pas de noter que les verbes *contredire, dédire, interdire, médire et prédire* ont au présent de l'indicatif les formes : *vous contredisez, vous dédisez, vous interdisez, vous médisez, vous prédisez.*

14 Le grand cinéma

La séance de casting

Vous êtes plusieurs candidats à la séance de sélection pour jouer dans une nouvelle version de *La Machine à explorer les temps*…

Pour vous départager, le metteur en scène a décidé de tester vos connaissances.

1er test

Ces verbes sont correctement conjugués au présent de l'indicatif.

	Vrai	Faux
il assied		
vous assoyez		
il arguë		
je couds		
ils courrent		

	Vrai	Faux
nous haïssons		
il paye		
je bouds		
il sursoit		
je joins		

	Vrai	Faux
je vêt		
il acquiert		
il trait		
vous jettez		
vous absolvez		

	Vrai	Faux
il croît		
vous faites		
je voie		
il vainc		
il absout		

2e test

Dites à haute voix chaque phrase et répondez à l'affirmation qui suit :

	Vrai	Faux
Il faut que nous répétions notre rôle. Le verbe ***répéter*** est à l'imparfait.		
J'aurais aimé jouer cette scène avec Audrey Tautou. Le verbe ***aimer*** est au futur antérieur.		
Pour ce passage, il fallait qu'il jouât juste. Le verbe ***jouer*** est à l'imparfait du subjonctif.		
J'eusse préféré que nous fussions seuls pour jouer cette scène intime. Le verbe ***préférer*** est au conditionnel première forme.		

3e test

Vous devez jouer ces répliques en rectifiant les erreurs. Bonne chance !

– Ton père et moi, tu nous fera mourir de chagrin !
– Tant mieux ! Comme ça on ne retrouvera pas l'arme du crime !

Mélodie en sous-sol.

Augustin : En tout cas, ils peuvent me tuer, je ne parlerais pas !
Stanilas : Mais moi non plus ! Ils peuvent vous tuer, je ne parlerais pas !
Augustin : Je savais qu'on pouvait compté sur vous.

La Grande Vadrouille.

Je ne sais pas si c'est maman qui avait raison ou si c'est le lieutenant Dan. Je ne sais pas si nous avons chacun un destin, ou si nous… si nous nous laissons portés par le hasard comme sur une brise. Mais je crois que c'est un peu des deux… Peut-être un peu des deux arrivent en même temps.

Forrest Gump.

Résultats de la séance

- Vous avez trouvé moins de 6 fautes : vous n'êtes peut-être pas fait pour le cinéma !
- Vous avez trouvé entre 7 et 13 fautes : vous avez des qualités indéniables, mais travaillez encore un peu !
- Vous avez trouvé 14 fautes : bravo, vous êtes engagé ; une grande carrière commence peut-être…

À RETENIR

À retenir sans faute

Faites-leur porter le chapeau ! En d'autres termes, souvenez-vous que tous les verbes s'écrivent avec un accent circonflexe sur la voyelle de la terminaison à la troisième personne du singulier à l'imparfait du subjonctif ; ainsi dans une conversation sur les difficultés de la conjugaison, vous pourrez dire à votre interlocuteur tout ébaubi : *J'ignorais mon cher qu'il fallût vous apporter cette petite précision.*

Retour vers le futur IV

Le Doc, et le jeune Marty McFly ont quelques problèmes pour régler leur vision du futur. Aidez-les !

Doc : *Tu vois, Marty, ma nouvelle version de la Delorean DMC-12 n'auras rien à voir avec la précédente ; j'ai prévu d'augmenter la puissance du convecteur temporel à 4,5 gigawatts ! Nous pourons faire nos allers-retours encore plus vite. Il n'y aura plus aucun danger d'être bloqué dans un intervalle du continuum temporel ! Nom de Zeus !*

Marty : *Super Doc, je pourrais donc retourner dans l'époque des parents de l'affreux Biff, et éviter qu'ils se rencontrent pour que Biff ne vienne pas au monde !*

Doc : *Non Marty, non, tu aura seulement la possibilité d'observer mais tu ne changera rien, ce serait immoral, et il y aurait un risque de bouleversement des données du futur. N'y songe même pas ! Il faudra que tu respectes cette règle, sinon tu créerras des catastrophes dont tu n'as même pas idée !*

Marty : *D'accord Doc, mais j'espère que j'aurais la possibilité de donner une leçon aux parents de ce monstre !*

Doc : *Nous verrons, mon petit Marty, mais tu devras garder ton sang-froid et toujours te rappeler que tu es le visiteur d'un temps qui n'est pas le tien et ne le sera jamais !*

LE SAVIEZ-VOUS ?

Verbes congédiés

Quel est le point commun entre *accroire*, *ester*, *férir*, *issir* ? Ils ne se conjuguent pas ! L'expression *faire accroire* signifie faire croire une chose fausse ; *ester* est un terme juridique qui veut dire intenter une action en justice ; *férir* n'existe plus que dans l'expression *sans coup férir*, c'est-à-dire sans combattre, sans difficulté ; quant à *issir*, qui signifiait en ancien français « sortir », il a réussi à venir jusqu'à nous uniquement sous la forme de son participe passé *issu*.

L'écran imparfait

Sur cet écran se trouvent sept verbes à l'imparfait ; un intrus conjugué au passé simple s'est glissé. Pouvez-vous le retrouver avant le début de la séance ? (Lecture horizontale)

A R P A R I A I T A D A T A I T A

A U A V A I T A A I M A I T A E A

A E T M E R I T A I T I R Z A T A

A I V I D A I T U S A C E U S L A

A R T O R I A I T B S A I F X L E A

Le grand cinéma

Menteur, menteur

Vous connaissez les talents d'imitation de Jim Carrey ; celui-ci vous affirme droit dans les yeux qu'il est un grand spécialiste des voix ; vous voulez bien le croire, mais vérifiez quand même !

Vous êtes venus voir mon film, c'est formidable ! Voix passive

Vous êtes captivés par mon talent, non ? Voix active

Nous nous sommes déjà rencontrés dans un autre film Voix active

Mon dernier film a été bien reçu. Voix passive

Je suis aimé. Voix active

C'est mon scénariste préféré qui a écrit mon rôle. Voix active

Je ne me regarde jamais dans un miroir. Voix passive

Le public me regarde toujours plus et m'apprécie. Voix active

Les Tontons flingueurs

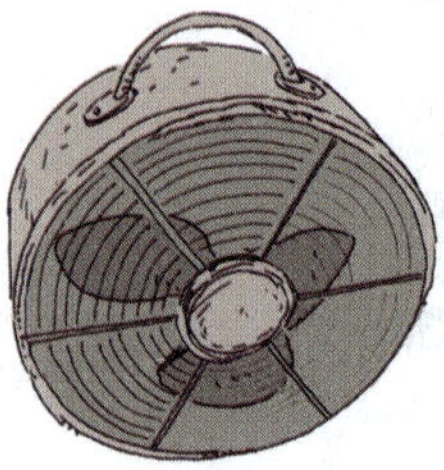

Bernard Blier, alias Raoul Volfoni, vient de recevoir une énième correction de la part de Lino Ventura, alias Fernand Naudin. Dans sa réplique, quelque peu sonné, Raoul invente un verbe, lequel ?

Raoul Volfoni : *Non mais tu as déjà vu ça ? En pleine paix, il chante et puis crac, un bourre-pif, mais il est complètement fou ce mec ! Mais moi les dingues, je les soigne, je m'en vais lui faire une ordonnance, et une sévère, je vais lui montrer qui c'est Raoul. Aux quatre coins de Paris qu'on va le retrouver éparpillé par petits bouts, façon puzzle… Moi quand on m'en fait trop, je correctionne plus, je dynamite, je disperse, je ventile…*

Le passé simple

Nous sommes en 1977, Michel Drach réalise *Le Passé simple* : dix candidats se présentent, mais le metteur en scène ne pourra retenir que ceux qui possèdent un passé simple ; aidez-le à faire son choix.

absoudre • *clore* • *clôturer* • *dissoudre* • *distraire* • *extraire* • *paître* • *paraître* • *ouïr* • *résoudre*

La nouvelle vague ?

Cinéphile, vous avez découvert, au fond d'une malle, un vieux numéro des *Cahiers du cinéma* avec un célèbre article de François Truffaut ; le temps et l'humidité ont altéré curieusement un certain nombre de verbes ; redonnez un coup de jeune au texte.

Il est toujours bon de conclure, ça fait plaisir à tout le monde. Il ait remarquable que les « grands » metteurs en scène et les « grands » scénaristes ont tous faits longtemps des petits films et que le talent qu'ils y mettaient ne suffisaient pas à ce qu'on les distingua des autres (ceux qui n'y mettaient pas de talent). Il ait remarquable aussi que tous sont venu à la qualité en même temps, comme on se refilent une bonne adresse. Et puis un producteur – et même un réalisateur – gagnent plus d'argent à faire Le Blé en herbe *que* Le Plombier amoureux. *Les films « courageux » se sont révélé très rentables.*

D'après un article de François Truffaut, « Une certaine tendance du cinéma français », paru dans le numéro 31 des *Cahiers du cinéma* (janvier 1954).

Dr Jekyll et Mr Hyde

Un verbe peut avoir deux facettes selon qu'il est participe présent ou adjectif verbal ; voici deux groupes : le premier affirme appartenir à la catégorie des participes présents et le second à celle des adjectifs verbaux. Peut-on les croire ?

1er groupe : *communiquant* • *convainquant* • *fatiguant*
2e groupe : *intriguant* • *provocant* • *suffocant*

Le projet Verbe kitsch !

Un paragraphe d'horreur ! Des fautes, des fautes et encore des fautes. Pourrez-vous les trouver toutes en une minute ?

Nous laissames notre voiture sur le bas-côté du chemin forestier, car les ornières remplies d'eau le rendait impraticable. Chacun avait rassembler ses affaires et après consultation de la carte nous avions optés pour un sentier étroit bien dessiner qui semblait régulièrement emprunter et partaient vers le nord. Nous avions estimés à une bonne demi-heure de marche le refuge forestier où nous devions passés la nuit. Or, cela faisaient maintenant deux heures que nous marchons dans la forêt de Verbe. Le silence s'était installer au sein de notre groupe ; chacun ruminait sur l'étrange légende de la sorcière qui nous amenaient par ici. Nous étions trois, mais bizarrement, nous sentions une autre présence, proche mais invisible. Invisible et hostile et qui nous interpelait. Chacun souhaitait que l'autre comprit cette peur qui s'installait et donna le signal du retour. Cela aurait été préférable que nous eussions retenus les avertissements que l'on nous avaient donné. Hélas, personne ne prie la parole alors que nous pressentions tous que nous courrions un risque fatal.

Le temps retrouvé

Vous n'êtes ni Marcel Proust ni Raoul Ruiz, auteur de l'adaptation du roman, mais peut-être saurez-vous démêler le vrai du faux…

	Vrai	Faux
1 *Je faux* est le présent du verbe *faillir*.		
2 *Il faut* est le présent des verbes *falloir* et *faillir*.		
3 *Oyant* est le participe présent du verbe *ouïr*.		
4 *Que nous pourvussions* est l'imparfait du subjonctif du verbe *pourvoir*.		
5 *Que je musse* est l'imparfait du subjonctif du verbe *muser*.		
6 *Ils seyaient* est l'imparfait de l'indicatif du verbe *seoir*.		
7 *Sursoyant* est le participe présent du verbe *surseoir*.		
8 *Vaincs* est la 1re personne de l'impératif présent du verbe *vaincre*.		
9 *Pais* est la 1re personne de l'impératif présent de *paître*.		
10 *Il closit* est le passé simple du verbe *clore*.		
11 *Qu'il moulût* est l'imparfait du subjonctif du verbe *mouler*.		
12 *Tu vis* est le présent du verbe *voir*.		

Résultats

Niveau 1 : moins de 5 bonnes réponses. Il y a de l'orage dans l'air, sale temps ; abritez-vous pour faire une petite révision !
Niveau 2 : entre 6 et 8 bonnes réponses. Le temps se dégage, mais reste couvert par endroits ; cherchez à éclaircir la situation…
Niveau 3 : entre 9 et 11 bonnes réponses. Le temps est presque au beau fixe !
Niveau 4 : 12 bonnes réponses. Ô temps ! Suspends ton vol…

La visite d'un chantier extraordinaire

Quelle activité ! De loin tout semble normal : on aperçoit, on entend des mots qui font des phrases, des phrases qui font des paragraphes, des paragraphes qui font des discours, des récits. Bref, la langue qui vit et relie les uns aux autres. Mais en vous approchant, vous allez vous rendre compte que tout est de guingois, que les mots ne sont pas utilisés à bon escient, que les phrases sont bancales. Bref, un sacré chantier ! À vous de tout remettre d'aplomb !

Parcours sur le terrain vague à fautes

Au-delà de cette barrière, c'est le terrain vague à fautes. C'est un jeu très simple que vous pouvez proposer à plusieurs amis. Vous devez traverser le terrain vague à fautes pour rejoindre la rue du Beau-Style : pour cela vous répondrez par oui ou par non à la forme proposée. Si vous répondez que la forme est correcte et que vous ayez raison, vous progressez de 10 mètres ; si vous avez tort, vous restez à votre place. Si vous répondez que la forme est incorrecte et que vous ayez raison, vous progressez de 10 mètres ; si vous avez tort, vous restez à votre place. Le vainqueur est le premier qui parvient rue du Beau-Style.

TERRAIN VAGUE	10	20	30	40	50	60	70	80	90	RUE DU BEAU-STYLE
1er joueur										
2e joueur										
3e joueur										
4e joueur										

Formes proposées :

il s'en est accaparé • de manière que • je m'en suis allé • il est furieux après vous • cette nouvelle s'est avérée fausse • ces cravates coûtent 15 euros chacune • une affaire conséquente • faire des coupes sombres • d'ici à demain • aller à vélo • il est fâché avec elle • être extrêmement habile • ce n'est pas de sa faute • un espèce de fou • 100 kilomètres-heure • vous n'êtes pas sans ignorer • pallier à un inconvénient • pardonner quelqu'un • regarder fixement quelqu'un • une inclination de tête • un vêtement infecté de puces • jouir d'une mauvaise santé • les risques sont réduits au minimum • vers midi et demie • le milieu ambiant • il lui fit observer que • prendre quelqu'un à partie • une rue passagère • je vous promets qu'il est là • ce magasin a rouvert • j'arrive de suite • je l'ai acheté tel quel • vitupérer quelqu'un

Juste une mise au point

Pénurie de points ! L'avalanche de coups de poing a emporté tous les points à l'exception du point final ; saurez-vous les retrouver et rétablir la ponctuation ?

Le combat fut mémorable d'un côté le célèbre Point Bill, le boxeur aux quarante victoires avant la limite ; de l'autre, l'affreux Joe Virgule connu pour ses coups bas dans la salle enfumée, l'atmosphère était électrique, car les deux combattants avaient leurs partisans qui se manifestaient bruyamment à leur arrivée sur le ring, une clameur monta, enfla et recouvrit la présentation que le speaker hurlait dans le micro les deux adversaires s'approchèrent l'un de l'autre, comme deux fauves prêts à bondir, juste séparés par l'arbitre, un petit homme frêle et tout de blanc vêtu, qui ressemblait à un archange livré aux lions ils se toisèrent longuement et échangèrent des regards chargés comme des bombes au plutonium au premier coup de gong, les deux brutes se ruèrent l'une sur l'autre et l'échange de points de vue commença on peut dire que durant cet affrontement l'humanité fut mise entre parenthèses, tant les crochets pleuvaient aucune interrogation ou exclamation ne venait freiner l'ardeur des deux féroces point de répit, point de suspension, le duel fut acharné, jusqu'au bout aucun ne céda et c'est ensanglantés que les deux boxeurs exténués, presque absents, comme entre guillemets, entendirent la décision des arbitres Point Bill l'emporta de deux points et déclara à la presse : c'était juste une mise au point !

Qui veut trouver des fautes ?

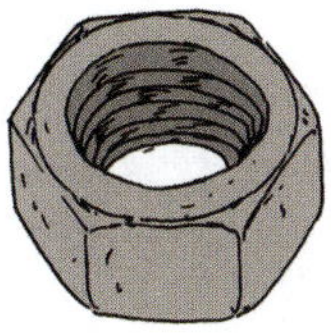

Vous pouvez faire appel à un ami !

« Agir en parfait accord avec quelqu'un » se dit :

A : *agir de concert.* **B** : *agir de réserve.* **C** : *agir de conserve.* **D** : *agir sans les nerfs.*

Un trio qui fait envie

Oui, mais il y a une forme fautive ; à vous de l'éliminer pour créer un duo acceptable !

Moi, je fais ce que j'ai envie. • *Je fais ce dont j'ai envie.* • *Faites ce que vous avez envie de faire.*

LE SAVIEZ-VOUS ?

Ça chauffe chez les académiciens !

Baser est une création de la fin du XVIIIe siècle pour doubler le verbe *fonder* ; ce néologisme fut admis par le dictionnaire de l'Académie française en 1798. Il rencontra un farouche adversaire en la personne de l'académicien Royer-Collard qui le fit supprimer du dictionnaire en 1835 et prévint à propos de ce mot : *S'il entre, je sors !* Aujourd'hui encore en registre soutenu, à l'écrit, on préfère *fonder sur* à *baser sur*.

Port Brouillard

Un fort brouillard a brouillé les espaces ; avant que cela ne devienne le port de l'angoisse, saurez-vous retrouver les cinq fautes qui profitent de cette mauvaise visibilité pour se dissimuler ?

Surl'eauunemultitudedepetitsbateauxhors-bord, commedesmoustiques, passentdanstousles sensetcoupentlestrajectoireslentes delourdespiroguesch argéesjusqu'àlagueuleetquiavanceà coupsd'avironsmesurés.

Àterre, unefouleparseméagitedesmouchoirs blancsversunbateaude lignequis'écartelentementdu quai ; surlestroisétages dubâteau, des mainsagitentaussi desmouchoirs. Maintenantil estcomplètementdéhaler et le remorqueurquise trouveàsaprou commenceàtirer. C'estvraimentle départ. Lesyeuxsonttristes.

Où est passée la ponctuation du Bourgeois gentilhomme ?

Monsieur Jourdain découvre qu'il fait de la prose sans le savoir, et du coup il en perd la ponctuation ; voici les huit signes à replacer :

. . ! ; : , , ,

Par ma foi il y a plus de quarante ans que je dis de la prose sans que j'en susse rien et je vous suis le plus obligé du monde de m'avoir appris cela Je voudrais donc mettre dans un billet Belle Marquise vos beaux yeux me font mourir d'amour *mais je voudrais que cela fût mis d'une manière galante que cela fût tourné gentiment.*

D'après Molière, *Le Bourgeois gentilhomme*, acte II, scène IV.

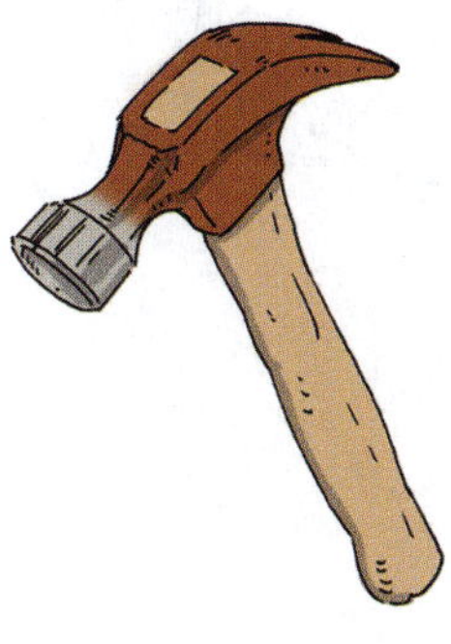

La visite d'un chantier extraordinaire

Points et virgules, du vent !

Guillaume Apollinaire rassemble en 1912 des poèmes, qu'il a écrits depuis 1898 ; il songe d'abord à appeler son recueil *Eau-de-vie* mais se décide finalement pour *Alcools* en octobre 1912 ; à la fin de cette année-là, lorsqu'il reçoit les premières épreuves d'imprimerie, il prend une décision originale : il supprime toute la ponctuation ! C'est ainsi que paraît, en avril 1913, le premier recueil poétique majeur de la langue française sans ponctuation !

Reflet déformant

Notre langue est pleine de clichés qui émaillent les propos de journalistes et nos conversations quotidiennes. Ici, elles sont passées devant un miroir déformant ; saurez-vous trouver les expressions originales ? Exemple : *Le* **coude** *économique* ➧ *le* **virage** *économique.*

Une réunion au **pic** *s'est tenue entre les principaux dirigeants.*

Dans ces quartiers on constate une **varappe** *de la violence.*

Le **décollage** *du baril de pétrole est inquiétant pour les automobilistes.*

Les années 1973 et 2008 auront été marquées par deux **heurts** *pétroliers.*

Le 10 000 **mètres** *agricole risque de durer plusieurs jours à Bruxelles.*

Le ministre de l'Intérieur a déploré cette **tache** *policière.*

Faute d'un accord dans le conflit en cours, le **froid** *des négociations a été décidé par les deux parties.*

Première page du roman noir Coup de fatigue

Le décalage horaire a des effets pervers ; comme ici, où certains mots ont pris la place d'autres.

Elmo Nullman, détective de son état, arriva en France, le soir du 11 novembre, jour de l'amnistie. Après un contact téléphonique avec son indicateur habituel, il descendit dans un hôtel de lustre, près de la rue des Teinturiers où se situait l'appartement à surveiller. Le lendemain, il eut la surprise de découvrir un Paris ensoleillé, ce qui le réjouit fort. Il surveilla pendant trois heures d'effilée l'entrée d'un immeuble d'où devait sortir la personne à filer. Excepté le concierge qui vint pour rentrer les poubelles et une vieille dame qui sortit avec son petit chien en laisse, il ne se passa rien. Tout en allumant sa énième cigarette, Elmo Nullman remarqua, derrière une rangée d'arbres, un bar qui lui permettrait de continuer sa planque et d'épancher sa soif. Il prit derechef la décision d'installer son poste d'observation dans le bar. En faisant éruption dans la salle de l'établissement, il repéra plusieurs individus louches, mais cela l'amusa, car il avait depuis toujours une prédiction pour de tels endroits. Mais en même temps, son instinct le prévint que le dénuement était éminent et qu'il devait se tenir sur ses bardes. Pourtant tout semblait au premier d'abord très calme, mais il se dit que le moment était mal choisi pour se perdre en conjoncture, il devait rester concentré. Mais rien ne survint. Ni à l'entrée de l'immeuble, ni dans le bar. Elmo Nullman pensa alors que la sujétion de son indicateur n'était peut-être qu'une insertion gratuite destinée à l'éloigner. Il était plongé dans ses pensées quand il aperçut au comptoir une silhouette connue. J'hallucine, pensa-t-il, ça doit être une allusion… Il faut dire que cette silhouette invoquait précisément une personne qu'il évitait depuis des années, au moins une décade !

La visite d'un chantier extraordinaire

À RETENIR

Le correcteur d'orthographe

Toujours prêt ? Mais pas trop près !

Ne confondez pas : être *près de faire quelque chose* : l'adverbe *près* indique alors l'imminence de l'action ;

être *prêt à faire quelque chose* : l'adjectif *prêt* suggère la décision, la disposition pour agir.

Sur la toile en folie

Sur les blogs et les forums d'Internet les donneurs de leçons d'orthographe sont nombreux ; mais c'est bien connu, on voit toujours plus facilement la paille dans l'œil du voisin que la poutre dans le sien. Deux exemples : à vous de rectifier.

A *J'ai une information sur une faute d'orthographe d'un nom de domaine apartenant à une grande enseigne commerciale qui fait de la publicité sur des grands médias, et pour moi, c'est une faute de français impardonnable !*

B *Comme on se sent moins seul… mais ne ditons pas que l'erreur est humaine ?*

Et puis, il y a les chasseurs de fautes qui font part de leurs trouvailles ; trouvez à votre tour, ou payez la prime !

Traduction d'une formule du président Obama sur une affiche électorale :

Je reste déterminer à protéger la liberté des femmes de choisir.

Le journal de France 2 à 20 heures annonce en titre :

Météo
Les hiverts les plus froids

Dans un magazine de sciences :

E = MC2
Une biographie de l'èquation

Une agence d'intérim :

Le travail a de l'avenir
Technicien qualité aéronotique (H/F)

Un site qui incite :

Recopiez les quatre caractères dans le champs texte.

Une publicité dans une grande surface des équipements sportifs :

Arrêter de chercher, vous venez de trouver !

Une assurance qui ne manque pas d'air…

Assurrance dépendance

Une agence de voyages :

L'offre du jour
Brésil, vol direct Salvador de Bahia
Tout les jours du 05/01/09 au 15/05/09

Un groupe qui consulte :

Avec prêt de 350 consultants notre groupe propose…

Annonce de reprise :

C'est Paul Enksi qui reprendra les rennes de la société.

Quand une entreprise répond à une candidature :

Bonjour,
Nous tenions à vous remercier d'avoir posé votre candidature pour un poste au sein de notre société.
Malhreusement, nous avons préféré opté pour un profil autre que le votre.
Je vous souhaite bon courage et je conserve votre curriculum vitae au cas où un poste se libèrerait dans notre équipe.
Bien à vous.

Une publicité à déguster avec modération :

Vous apprécierez pour votre régime sveltesse ces aiguilettes de poulet cuisinées aux tomates et olives.

La visite d'un chantier extraordinaire

L'interview du sportif bouleversé

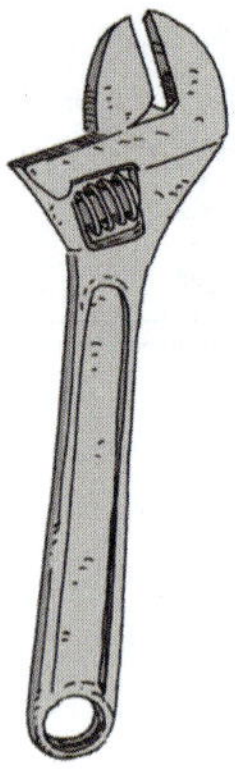

L'émotion sans doute... Notre sportif a quelques réglages à effectuer. Aidez-le !

Oui, c'est vrai, ce match était important pour notre équipe ; nous avions convenu de jouer à fond et c'était pas évident avec un tel enjeu. L'entrée sur la pelouse, les supporters, les cris, c'était vraiment un spectacle émotionnant. En plus, il y avait la pression de revenir dans une ville dans lequel j'avais joué enfant. Mais je suis un professionnel, il fallait que je joue comme si rien n'était, même si j'avais lu sur le journal que nous n'étions pas les favoris.

Résultats

Niveau 1 : vous avez trouvé 1 faute. Vive le sport, mais un bon entraînement s'impose pour retrouver la forme.
Niveau 2 : vous avez trouvé 3 fautes. C'est mieux, mais admettez que ce n'est pas encore le haut niveau.
Niveau 3 : vous avez trouvé 5 fautes. Les sélectionneurs ont un œil sur vous.
Niveau 4 : vous avez trouvé 6 fautes. Vous êtes sur la plus haute marche du podium, bravo !

« Inspecteur l'imposture »

Ici chaque phrase comporte un mot qui a pris la place d'un autre. Retrouvez les imposteurs :

1. *Revolver à la ceinture, le paysan a buté son champ de pommes de terre.*
2. *Le marchand de formes a vendu son fond de commerce.*
3. *Nul n'est sensé ignorer la loi.*
4. *Lors de la fête nationale, les soldats défilent et les pétards détonnent.*
5. *Les frères ennemis ont réglé leur différent.*
6. *Les bancs du mariage sont publiés mais les invités ne peuvent pas s'asseoir dessus.*
7. *Le gang des pastiches a dévalisé une autre banque.*
8. *Ce philosophe aime porter des chemises blanches et faire la satyre de la société.*
9. *Sans que vous soyez un saint, une rage de dents peut vous transformer en martyre.*
10. *Certains peuvent vivre sur leurs deux pieds et sur leurs acquits.*
11. *Sur cette plage, la tache de cet employé communal est de faire tous les jours la grève.*
12. *Quand à réfléchir, ce n'est pas trop demander à un miroir.*

Résultats

Niveau 1 : moins de 5 bonnes réponses. Il y a de l'orage dans l'air, sale temps ; abritez-vous pour faire une petite révision !
Niveau 2 : entre 6 et 8 bonnes réponses. Le temps se dégage, mais reste couvert par endroits ; cherchez à éclaircir la situation...
Niveau 3 : entre 9 et 11 bonnes réponses. Le temps est presque au beau fixe !
Niveau 4 : 12 bonnes réponses. Ô temps ! Suspends ton vol...

Ici, les « attractions » sont des fautes parfois « énormes » : bienvenue dans le parc à fautes ! Un seul objectif : bien vous amuser en découvrant des fautes monstrueuses mais aussi d'autres plus discrètes... Peut-être même que vous vous ferez des frayeurs en passant à côté de certaines fautes !

Visitez la cabine à Néo

1re salle

Ici vous trouverez les dernières nouveautés... du siècle dernier ; mais attention un de ces néologismes n'existe pas !

1. écomusée : musée ethnographique qui présente une collectivité dans son contexte social et culturel. 1960
2. confortique : étude du confort dans les bureaux. 1985
3. filoguidé : guidé à partir d'un fil. 1975
4. latéritiser : apporter à un sol de l'alumine et de l'oxyde de fer. 1992
5. tapuscrit : texte dactylographié envoyé à la composition. 1970

2e salle

Un petit souci technique a provoqué l'association de couples fautifs parmi ces néologismes issus de l'univers culturel et médiatique ; à vous de remettre de l'ordre !

blockbuster ➧ *scénarimage*
call television ➧ *coparrainage*
co-branding ➧ *télé-tirelire*
featurette ➧ *technoloisir*
home entertainment ➧ *grosse machine*
lay-out ➧ *sujet court*
story-board ➧ *maquette*

La maison des intrus

Retrouvez les quatre intrus de la liste

ankylose • *apocalypse* • *bombyx* • *cataclysme* • *collyre* • *derby* • *ecchymose* • *hobby* • *hyperbole* • *hypoténuse* • *lycée* • *myrrhe* • *onyx* • *oxyde* • *penalty* • *pseudonyme* • *rugby* • *xylophone*

Chapeau bas !

Ils veulent tous porter l'accent circonflexe, le fameux chapeau de gendarme ; mais ce n'est pas possible ; retrouver ceux qui doivent ôter leur chapeau.

âcre • *aîne* • *arôme* • *boîteux* • *brêche* • *châpitre* • *cône* • *côtre* • *crêpu* • *dégaîner* • *drôlatique* • *emblême* • *fantôme* • *fût* • *fûtaie* • *goître* • *infâme* • *jeûner* • *pître* • *râcler* • *râtisser* • *râtelier* • *symptôme* • *tâter* • *trône*

À RETENIR

Le correcteur d'orthographe

On dit qu'une syllabe est ouverte si elle se termine par une voyelle ; elle est fermée si elle se termine par une consonne. Dans les mots d'une même famille, on constate que le è suivi d'une syllabe ouverte (consonne + voyelle) devient é devant une syllabe fermée (consonne + voyelle + consonne) : *al-gè-bre* ➧ *al-gé-bri-que ; cé-lè-bre* ➧ *cé-lé-bri-té.*

Le parc à fautes

Coup de vent sur les accents !

C'est une attraction où l'on va par deux de la même famille ; mais attention, cela « décoiffe » ! Certains accents ne sont plus à leur place, à vous de remettre bon ordre !

allégre / allègrement
ascète / ascètique
bête / bétail
câble / encâblure
diplôme / diplômatique
fièvre / fièvreux
grâce / grâcieux
hygiène / hygiénique
obèse / obèsité
pôle / polaire
règle / règlage
synthèse / synthétique
tempête / tempêtueux

Le cabinet des curiosités

L'enseigne vous a intrigué ; vous voilà au beau milieu d'étranges mots ; ils existent tous mais ils possèdent deux définitions : l'une est vraie, l'autre est fausse…

Barbarine
1. Race de moutons à grosse queue importée d'Afrique du Nord.
2. Sorte de levée de terre établie pour tirer au canon par-dessus un parapet.

Camail
1. Alliage d'étain et de plomb utilisé dans la fabrication des vitraux.
2. Se dit des plumes qui couvrent le cou et le dos du coq.

Clapir
1. Crier en parlant du lapin.
2. Garnir d'un clapet.

Doloire
1. Pièce de fer que l'on adapte au dos d'une scie pour la renforcer.
2. Sorte de hache utilisée par les tonneliers.

Exondation
1. Retrait des eaux d'une terre inondée.
2. Action d'éclaircir des futaies trop touffues.

Flabellation
1. Action d'éventer une partie du corps pour la rafraîchir.
2. Action de nettoyer au moyen d'un détergent.

Imbrifuge
1. Qui lutte contre certains parasites.
2. Qui préserve de la pluie.

Mimeux
1. Se dit des plantes qui se contractent quand on les touche.
2. Caractérise un comédien sans talent.

Parmélie
1. Genre de lichen qui pousse sur les arbres et les rochers.
2. Rite religieux orthodoxe.

Récidibou
1. Citerne dans une savonnerie.
2. Ancienne danse provençale.

Jouez (à plusieurs) au Yoyo des racines

Le principe est simple : voici des racines grecques et latines. Les origines ont été un peu mélangées. Vous devez dire si l'affirmation est vraie ou fausse. Vous avez raison, vous rejouez ; vous avez perdu, vous perdez votre gain et vous passez votre tour. Le gagnant est **celui qui trouve quatre bonnes réponses consécutives.** Vous pouvez alimenter le jeu à l'aide d'un dictionnaire.

aéro- (lat.) ; *agro-* (lat.) ; *aqu-* (lat.) ; astro- (gr.) ; *auto-* (lat.) ; *bio-* (gr.) ; *carni-* (lat.) ; *démo-* (gr.) ; *équi-* (gr.) ; *héli-* (gr.) ; *lacto-* (lat.) ; *litho-* (gr.) ; *-naute* (lat.) ; *nécro-* (gr.) ; *nyct-* (gr.) ; *oléo-* (lat.) ; *omni-* (lat.) ; *ortho-* (lat.) ; *ovo-* (lat.) ; *pédi-* (gr.) ; *phago-* (gr.) ; *-phobe* (gr.) ; *pisci-* (lat.) ; *pyro-* (gr.) ; *-vore* (lat.)

La maison du Conseil…

Dans cette série, certaines graphies modifiées sont autorisées par le Conseil supérieur de la langue, d'autres sont de pures inventions ! Attention aux surprises.

	Le Conseil dit oui	Le Conseil dit non
avatard		
bonhomme		
boutentrain		
évènement		
diésel		
entonoir		
éthymologie		
gageüre		
harakiri		
hallogène		
imbécilité		
interpeler		
irréspect		
vadémécum		

	Le Conseil dit oui	Le Conseil dit non
millepatte		
nénufar		
ognon		
piquenique		
quator		
relai		
règlementaire		
réthorique		
révolver		
rhythme		
tintamare		
tohubohu		
vanupied		

À RETENIR

Un peu d'histoire

Le 6 décembre 1990, le *Journal officiel* a publié le rapport du Conseil supérieur de la langue française proposant un certain nombre de rectifications et de modifications de graphies concernant le trait d'union, le pluriel des noms composés, l'accent circonflexe, le participe passé des verbes pronominaux et diverses anomalies. Ainsi *porte-feuille* est devenu *portefeuille ; un pèse-lettre* au pluriel a suivi la règle des mots simples, *des pèse-lettres* ; l'accent circonflexe a perdu son caractère obligatoire sur les voyelles *i* et *u*, sauf dans les terminaisons verbales ; le participe passé de *laisser* est devenu invariable lorsqu'il est suivi d'un infinitif (exemple : *elle s'est laissé surprendre*) ; les mots empruntés à d'autres langues se plient à la règle du français pour le pluriel (exemple : *un scénario, des scénarios*).

Le parc à fautes

Jeu de mémoire

À jouer à plusieurs : vous prononcez une liste de sept mots ; une personne doit les mémoriser, les redire dans l'ordre et signaler lequel, selon elle, n'existe pas.

1re série : *adret* • *bauvière* • *bouvril* • *caracul* • *chimoine* • *délot* • *écouer.*

2e série : *espatard* • *fayard* • *friquet* • *heurette* • *insculper* • *isatis* • *lentilaire.*

3e série : *jaquier* • *licet* • *magnan* • *magrure* • *merl* • *monodie* • *muride.*

4e série : *nolonté* • *ourdri* • *portrion* • *quipale* • *rhinolophe* • *sigillographie* • *ulmeau.*

Un quotidien pas ordinaire !

Vous avez acheté le journal du *parc à fautes*. Les nouvelles sont curieuses, et en feuilletant les pages, vous allez constater qu'il y a du travail pour vous !

À la une !

La rencontre au sommet entre les dirigeants du « j'ai froid » s'est achevé dans une atmosphère glaciale.

Face à l'indifférence générale, les journées impairs du mois de janvier seront probablement supprimés ; c'est en tout cas, semble-t-il, la mesure envisagée par le gouvernement pour lutter contre la fuite du temps vers des paradis intemporels.

Page société

Dans le quartier de l'Orange, la tension reste toujours très vive après les vifs affrontements entre agrumes rivales. Les forces de l'ordre ont déployé un important dispositif de cacahuètes pour prévenir d'autres flambées de pruneaux. Un régime spécial de bananes a été prévu.

Les découvertes récentes sur la molécule du bonheur laisse auguré des jours meilleurs pour tous les malheureux.

Les transports amoureux ont été perturbés à plusieurs reprises après les violents orages qui se sont abattu sur de nombreux couples. Par ailleurs, plusieurs coups de foudre ont touché des personnes qui circulaient dans le quartier du Tendre.

Petites annonces

Je vend un char d'assaut ayant peu servi ; prévoir changement des chenilles à l'éclosion des papillons.

Occasion à saisir. Lot de parasols bretons neufs pouvant servir sous d'autres lattitudes.

Le chat retrouvé dans la gorge de Monsieur C. attend ces propriétaires au refuge de la SPA.

Échangerait embruns de 2005 contre écume récente.

Bâteau à voile cherche vent de force 4 pour la saison à venir.

Bulletin météo

En raison des fortes pluies de ces dernières vingt-quatre heures, les réglements des factures en cours se feront exceptionnellement en liquide.

Une manifestation anticyclonique a brutalement dégénérée hier soir au large des Açores à la suite de discussions orageuses.

Le congrès de psychanalyse a réaffirmé dans sa motion final que les thérapies actuelles ne peuvent pas grand-chose pour soigner les grandes dépressions de nord-ouest.

Page sport

L'entraîneur victorieux a déclaré avec beaucoup d'a propos : « L'équipe qui reçoit à domicile a toujours un avantage surtout quand l'appartement est bien rangé. »

Les boxeurs ont échangé leurs poings de vue à l'issue d'un combat houleux.

La descente de bobsleigh messieurs prévue en fin de matinée a été annulée en raison d'un redoux qui a fait fondre la glace du circuit ; les organisateurs envisagent de remplacer l'épreuve par une chasse au dahut. La déception est grande dans le camp français ; en revanche, l'équipe jamaïcaine a exprimé sa joie de se retrouver sur un terrain plus favorable, bien qu'elle n'est aucune expérience en la matière.

À retenir sans faute

Les accords du participe passé

1. Employé sans auxiliaire, il s'accorde avec le nom auquel il se rapporte comme un adjectif qualificatif : *l'année* ***passée****, les Français ont mangé trop de cacahuètes.*

2. Employé avec l'auxiliaire *être*, il s'accorde en genre et en nombre avec le sujet du verbe : *cette année, les Français sont* ***devenus*** *raisonnables avec les cacahuètes.*

3. Employé avec l'auxiliaire *avoir*, il s'accorde en genre et en nombre avec le complément d'objet direct placé avant l'auxiliaire, sinon il reste invariable : *la crise actuelle est sans doute liée aux cacahuètes que les Français ont* ***mangées*** *l'année dernière.*

Évidemment, il y a quelques exceptions. Retenez que *attendu, excepté, passé, supposé, vu* restent invariables **devant le nom** mais s'accordent lorsqu'ils sont **placés après**.

La faute exprès/express

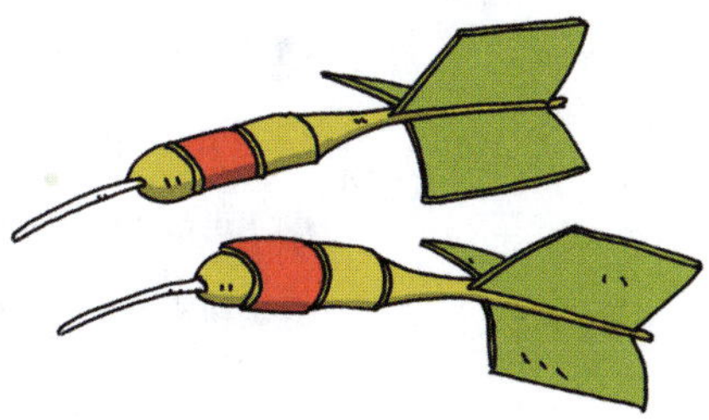

La symphonie que j'ai entendue jouer par cet orchestre est sublime.

La faute, un peu moins ! Mais vous l'avez trouvée !

Voyage au cœur de l'Académie

Là, si vous trouvez, vous êtes très fort ! Parmi ces quinze mots composés, l'Académie française préconise d'écrire soudés dix d'entre eux. Avez-vous l'étoffe pour porter l'habit vert ?

boute-en-train	*croque-madame*	*passe-partout*	*va-nu-pied*	*trop-perçu*
brise-tout	*fourre-tout*	*propre-à-rien*	*chauve-souris*	*tout-terrain*
chausse-trappe	*in-quarto*	*tire-bouchon*	*pot-pourri*	*sous-estimer*

Coup de vent sur la langue du capitaine

Je suis arrivé comme un coup de vent d'Ouest assez fort par une fin d'après-midi et je me suis retrouvé gare Montparnasse-Bienvenue. Heureusement, je connaissais. J'ai pris direction porte de Clignancourt ; je suis descendu à la station Réaumur-Sébastopol. Souvenir, souvenir. J'avais huit ans, on allait une fois tous les quinze jours faire le plein aux Halles. La rue Montorgueil, la rue Poissonnière. Après les courses, on s'arrêtait dans un café vers les six heures du matin. Le patron nous faisait des tartines : il sortait le beurre et la charcuterie d'une espèce de gardemanger accroché derrière le comptoir. Il y avait beaucoup de monde et beaucoup de bruit ; les forts des Halles buvaient coup sur coup en hurlant ; les tabliers des bouchers étaient tout rougi de sang ; je n'étais pas très rassuré.

Aujourd'hui, c'est plutôt calme. Rue Quincampoix, je pousse la porte d'un bistrot ; la musique a remplacé les forts des halles et des tableaux ont remplacé les tabliers. Il y a toujours beaucoup de monde et on continue à boire dans le verre du voisin. Et puis il y a cet escalier qui semble interminable ; où mène-t-il ?

Comme il est tard, mieux vaut arrêter les questions et aller voir. Je monte. En haut, évidemment une porte. J'ouvre. Le vent du large m'envoie des goûlées d'air salé ; j'aperçois un chien qui dort sous la mer. Au loin, des hommes font des signes sur un radeau. Je ferme les yeux pour mieux voir ça. Pour mieux savoir.

Résultats

Niveau 1 : vous avez trouvé 2 fautes. Souvenir, souvenir… mais il y a encore des fautes à trouver !
Niveau 2 : vous avez trouvé 4 fautes. Vous naviguez à vue, mais refaites le point !
Niveau 3 : vous avez trouvé 5 fautes. Vous avez presque l'âge du capitaine !
Niveau 4 : vous avez trouvé 6 fautes. Vous avez gagné vos galons, hip, hip, hip, hourra !

Curiosité

Une information sur le fil du rasoir…

Le roi Nabuchodonosor II, roi de Babylone (VIe siècle avant J.-C.), avait trouvé un moyen original de transmettre ses messages secrets aux généraux de son armée : il les faisait écrire sur le crâne rasé de ses esclaves messagers qui, une fois leurs cheveux repoussés, partaient porter leur message en toute discrétion. Pour la lecture, il suffisait de raser à nouveau le crâne !

Vous pouvez le dire ?

1. *Naguère les voyages en train n'existaient pas, on n'avait que le train-train quotidien.*
2. *Il n'est pas prudent lorsque l'on est ukrainien de jouer à la roulette russe avec un pistolet.*
3. *En faisant tourner la mappemonde sur son axe, il a pointé du doigt le pays de l'Eldorado.*
4. *Cet homme est un vrai ours, il hiberne toute l'année.*
5. *L'amnésique a oublié de commémorer le souvenir de sa perte de mémoire.*
6. *Depuis que ce gardien a encaissé un but malheureux, il est en but aux sarcasmes des supporters.*

Résultats

Niveau 1 : 2 bonnes réponses. Vous n'aimez pas les phrases bizarres !
Niveau 2 : 4 bonnes réponses. Vous pouvez presque tout dire !
Niveau 3 : 5 bonnes réponses. Vous êtes presque médium !
Niveau 4 : 6 bonnes réponses. On ne vous le fait pas dire !

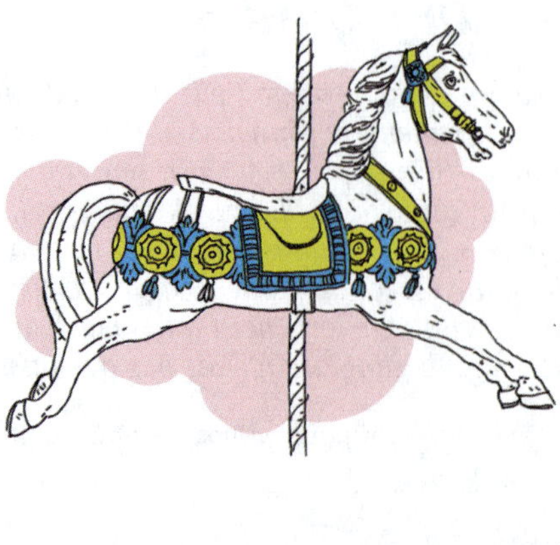

Vous voici sur la grande scène de l'oral. Chaque jour, nous établissons le contact avec nos amis terriens : la communication n'est pas toujours facile. Nous avons tous en mémoire (enfin presque tous...) la fameuse formule de Pétrone reprise par Montaigne dans ses *Essais* : *Mundus universus exercet histrionam*, en d'autres termes, *Le monde entier joue la comédie.* Quitte à jouer, autant être les dignes descendants de Molière et faire de la belle prose en le sachant (contrairement au *Bourgeois gentilhomme* !). Attention, les trois coups ont retenti : le rideau se lève, que le spectacle des fautes commence ! À vous de les « déjouer » !

Mise en bouche

Prononcez-vous le *s* final dans les mots suivants ?

alias • *amas* • *as* • *atlas* • *bolas* • *cabas* • *cadenas* • *canevas* • *cervelas* • *chasselas* • *coutelas* • *damas* • *douglas* • *galimatias* • *gigondas* • *juliénas* • *pancréas* • *patatras* • *paterfamilias* • *Plexiglas* • *sas* • *taffetas* • *trépas* • *tétras*

Prononcez-vous le *il* final dans les mots suivants ?

baril • *chenil* • *civil* • *coutil* • *exil* • *fournil* • *fusil* • *gentil* • *grésil* • *goupil* • *morfil* • *outil* • *persil* • *pistil* • *puéril* • *quintil* • *sourcil* • *subtil* • *surfil* • *toril* • *vil* • *volatil*

Un mot peut en cacher un autre

Faites le bon choix !

A *Le médecin a décidé de lui poser une attelle/atèle sur son bras.*
B *Après le lâcher de lest/leste, la montgolfière s'est élevée dans le ciel.*
C *Il pratique la pêche au cabillaud/cabillot au large.*
D *Cette récompense lui met du baume/bôme au cœur.*
E *Il a réagi et décidé de prendre le mort/mors aux dents.*
F *Le prévenu écossais plaide/plaid coupable.*
G *César avait le nez aquilain/aquilin.*
H *Elle préfère une maison de plein/plain-pied.*

La chaussure de Cendrillon

Trouvez chaussures pour ses petits pieds...

Pour aller au bal donné par le fils du roi, Cendrillon reçoit de sa marraine une paire de pantoufles de : *ver/verre/vair/vers/vert.*

T'es où ?

Assurément pas *Du côté de chez Swann* (1913) ; mais la transcription de la communication n'a pas été excellente. Jugez plutôt et rectifiez avant que Marcel ne se fâche et ne s'étrangle avec sa madeleine !

Et des que jus reconnu le goût du mort sot de mât de laine trempé dans le tilleul que me donnait m'attente (quoique je ne suce pas encore et dusse remettre à bien plus tare de découvrir pourquoi se souvenir me rendait si heureux), aussi tôt la vieille maison grise sur la rue, où était sa chambre, vain comme un des corps de théâtre s'appliquer au petit pavillon donnant sur le jars daim, qu'on avait construit pour mes parents (...).

30 Le grand théâtre

Les grosses fautes sont muettes mais pas invisibles !

Dites le plus vite possible ces différentes formules ; mais auparavant, vérifiez leur orthographe, car on n'entend pas les fautes ! Vous pouvez jouer avec vos amis : il vous suffit de prendre un dé. La personne qui le lance doit prononcer d'une traite la formule correspondant au chiffre du dé ; si elle la prononce sans reprise, ni hésitation, elle marque 5 points et a le droit de dire les fautes qu'elle a repérées. Un oubli équivaut à une pénalité de moins 5 points. En cas de reprise et hésitation, elle passe son tour !

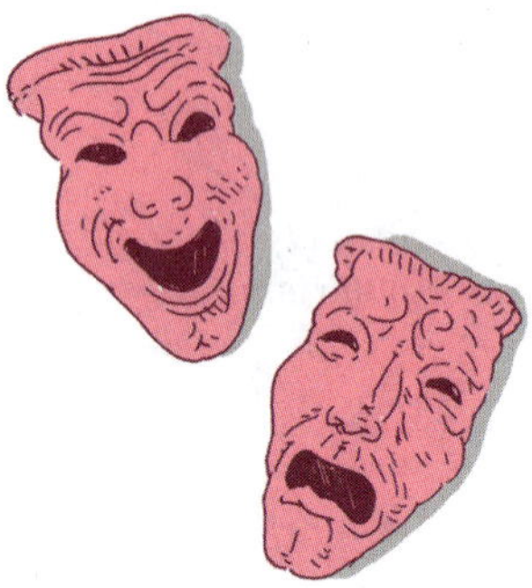

1. *Un pêcheur pêchait à l'ombre d'un pêcher ; le pêcher empêchait le pêcheur de pêcher. Le pêcheur coupa le pêcher, si bien que le pêcher n'empêcha plus le pêcheur de pêcher. Mais couper un pêcher pour pêcher, c'est un pêcher. C'est ainsi qu'un pêcheur devint pêcheur.*
2. *Si six cents scies scient six cents cigares, six cents six scies scieront six cents six cigares.*
3. *Je croie que je vois trois fois trois foies d'oie.*
4. *Seize jacintes sèchent dans seize sachets secs.*
5. *Pourquoi les alliés ne se désolidariseraient-t-ils pas ?*
6. *Six chats sis sur six murs pistent six souris qui sous six lits sourit sans souci des six chats qui les pistent.*

À RETENIR

Curiosité

Ouverture de portes ouvertes

En 1525, les troupes de François 1er subirent une lourde défaite à Pavie dans la région de Milan ; parmi les 10 000 soldats français qui périrent, il y avait Jacques de Chabannes, seigneur de La Palice, réputé pour sa bravoure. Ses hommes lui rendirent hommage en composant une chanson avec les vers suivants : *Hélas, s'il n'était pas mort / Il ferait encore envie* ; une erreur de transcription donna : *Hélas, s'il n'était pas mort / Il serait encore en vie.* La vérité de La Palice, ou la lapalissade, était née. Pour le plaisir, quelques lapalissades de Bernard de La Monnoye (1641-1728), avocat et poète, qui contribua à la diffusion de cette forme d'évidence dans les 51 couplets d'une chanson de ses Noëls bourguignons (1700) :

Il pourra vous réjouir / Pourvu qu'il vous divertisse.

Mais il ne manqua de rien / Dès qu'il fut dans l'abondance.

Quand il chantait un couplet / Il n'en chantait pas un autre.

Sitôt qu'il fut son mari / Elle devint son épouse.

On croit, puisqu'il en est mort / Que la plaie était mortelle.

Le père

Il serait prudent que Rodrigue ne tombât pas sur cette transcription fantaisiste de la tirade de son père Don Diègue. Avant son retour, rétablissez la bonne graphie, sinon…

Orage ! ô des espoirs ! ô vieillesse haine mie !
Neige donc tant vécu que pour cet un fa mi ?
Et ne suis-je blanchi dans les travaux guerriers
Que pour voir en nain jour flétrir tant de lauriers ?
Mon bras qu'avec respect toute l'Espagne admire,
Mon bras, quittant de fois a sauvé sept ans pire,
Tant de fois à faire mille trônes de son roi,
Trahit donc maquerelle, et ne fait rien pour moi ?

D'après Corneille, *Le Cid*, acte I, scène IV.

LE SAVIEZ-VOUS ?

Les sons en liberté

Le **kakemphaton** (du grec *kakemphatos*, « mal sonnant ») permet à l'oreille d'entendre un autre sens que celui que l'œil propose et, en général, il est involontaire (excepté dans les chansons de Bobby Lapointe !).

Je suis romaine, hélas, puisque ***mon époux l'est.***
➧ « mon nez poulet » !

Corneille, *Horace.*

Vous me connaissez mal ; la même ardeur me brûle,
Et le désir s'accroît quand ***l'effet se recule.***
➧ « Et le désir s'accroît quand les fesses reculent » !

Corneille, *Polyeucte.*

Je sortirai du camp, mais quel que soit mon sort,
J'aurai montré du moins comment ***un vieillard en sort.***
➧ « un vieil hareng saur » !

Adolphe Dumas, *Le Camp des croisés.*

Son crâne était ouvert *comme un bois qui se fend.*
➧ « son crâne était tout vert » !

Victor Hugo, *Souvenir de la nuit du 4.*

Souffler n'est pas jouer

Le comédien a des trous de mémoire et vous avez plusieurs solutions ; ne vous trompez pas !

CYRANO

Ah ! non ! c'est un peu court, petite pomme / comme une gomme / jeune homme !
On pouvait dire... Oh ! Dieu !... bien des choses en somme / bien des choses comme / bien comme un homme...

En variant le ton, – par exemple, tenez :

Agressif : « Moi, monsieur, si j'avais un tel pied/nez,
Il faudrait sur-le-champ que je me le coupasse / le tranchasse / l'amputasse ! »

Amical : « Mais il doit tremper dans votre casse/tasse/chasse/nasse !
Pour boire, faites-vous fabriquer un hanap ! »

Descriptif : « C'est un roc !... c'est un pic !... c'est un cap !
Que dis-je, c'est un cap ?... C'est une capsule/mandibule/pendule/péninsule/canule ! »

Curieux : « De quoi sert cette oblongue capsule/fistule/particule ?
D'écritoire, monsieur, ou de boîte à gâteaux/artichauts/trousseau/ciseaux/joyaux ? »

Gracieux : « Aimez-vous à ce point les moineaux/oiseaux/passereaux/étourneaux
Que paternellement vous vous souciâtes/inquiétâtes/préoccupâtes/ingéniâtes
De tendre ce perchoir à leurs petites pattes ? »

Truculent : « Ça, monsieur, lorsque vous prisez/fumez/pétunez,
La vapeur du tabac vous sort-elle du nez
Sans qu'un voisin ne crie au feu de cheminée / les pompiers / dans la maisonnée ? »

Quand on arrive en ville...

Selon vous, quelle transcription phonétique est la bonne pour s'adresser aux habitants de ces villes ?

Agen	❶ a-gein	❷ a-gent
Auxerre	❶ Au-ks-erre	❷ Au-ss-erre
Aubenas	❶ Aube-nass	❷ Au-be-na
Bourg-en-Bresse	❶ Bour-en-Bresse	❷ Bourk-en-Bresse
Cassis	❶ Ca-ssi	❷ Ca-ssis

32 Le grand théâtre

Chamonix	❶ Cha-mo-nix	❷ Cha-mo-ni
Bruxelles	❶ Bru-ks-elles	❷ Bru-ss-elles
Gérardmer	❶ Gé-rar-mé	❷ Gé-rar-mère
Privas	❶ Pri-vas	❷ Pri-va
Pont-Aven	❶ Pont-A-vein	❷ Pont-A-vène
Rosporden	❶ Ros-por-dein	❷ Ros-por-dène

Une série X

Avec votre œil de lynx et surtout votre oreille de chat, vous repérerez les intrus de cette liste :
afflux • *choix* • *croix* • *deux* • *époux* • *faux* • *flux* • *furax* • *houx* • *index* • *latex* • *noix* • *paix* • *perdrix* • *poix* • *prix* • *saindoux* • *taux* • *toux* • *voix.*

À RETENIR

Le correcteur d'orthographe

Le tréma (du grec *trêma*, « trou, point sur un dé ») est un accent placé essentiellement sur la voyelle *e*, et parfois sur les voyelles *i* et *u* ; il signale que les deux voyelles qui se suivent doivent être articulées séparément et font deux sons. Ces deux petits points apparaissent en France au XVIe siècle et sont présentés comme un signe de division alors que l'accent circonflexe est un signe de conjonction.

Le kaléidoscope aux trémas

N'essayez pas de tout comprendre ; vérifiez seulement si tous les trémas sont bien à leur place ; pour le reste…

❶ *Socrate a bu toute l'ambigüité.*

❷ *La baionnette aigüe pique autant que la ciguë.*

❸ *La coincidence est perdue au fond du capharnaum.*

❹ *La pièce exiguë est contiguë d'un espace inoui.*

Le texto d'Hugo !

Si Victor Hugo avait vécu au XXIe siècle, il est probable qu'il aurait utilisé un portable et envoyé des messages à la terre entière. Imaginons un extrait d'un magnifique poème adressé sous forme de texto à sa fille Léopoldine disparue tragiquement en 1843. À vous de lui redonner sa belle forme initiale.

2M1, D lobe, a leur ou blanchi la campagne,
Je partirai. Voi tu, je C qe tu maten.
JR par la foR, jR par la montagne.
Je ne pui 2meR loin 2 toi + lonten.
Je marcheR lé IE fixé sur mé penC,
San Ri1 voir o 2or, san entend2r oq1 brui
Seul, 1conu, le do courB, lé m1 croisé,
Trist, é le jour pour moi sera com la nui.

Mange tes haricots

Muet ou aspiré, parfois le grand H ne sait plus… À vous de l'aider.

Moi, grand H, j'affirme que les petits *h* de cette série sont muets : *habitation* • *hameau* • *hareng* • *hasard* • *hère* • *heure* • *héliotrope* • *herbe* • *hibou* • *hiatus.*

Moi, grand H, j'affirme que les petits *h* de cette série sont aspirés : *hier* • *hiéroglyphe* • *horoscope* • *hôtel* • *houblon* • *houppe* • *huis clos* • *hutte* • *hyacinthe* • *hymne.*

LE SAVIEZ-VOUS ?

Les sons en liberté

On ne peut imaginer lettre de l'alphabet plus discrète ; en effet, qu'il soit muet ou aspiré, le *h* initial ne représente aucun son ! Quand le *h* est muet, on peut faire la liaison avec le mot qui précède : *les hommes* ▸ *lè-z-om*. Quand le *h* est aspiré, il n'y a pas de liaison : *les héros* ▸ *lè-éro.*

La langue se délie

Certaines liaisons sont fatales, sachez y mettre fin ! Selon vous, peut-on faire la liaison dans les expressions suivantes ?

les yeux • *les ouies* • *un savant Allemand* • *dix-huit* • *riz au lait* • *mort ou vif* • *les huit enfants* • *un bon à rien* • *les yaourts* • *un oui* • *un savant allemand* • *deux cents euros*

À RETENIR

Le correcteur d'orthographe

Pour vous éviter des liaisons qui trahissent une ignorance, avec vingt et cent…

C'est tout simple. Tous les nombres sont INVARIABLES, sauf vingt et cent lorsqu'ils sont multipliés sans être suivis d'un autre nombre.

Le Tour du monde en quatre-vingts jours

Michel Desjoyaux a bouclé son tour du monde en ***quatre-vingt-trois*** *jours !*
Le tour du monde en ***trois cents*** *jours – c'est plus lent, mais on voit plus de choses !*
Le tour du monde en ***trois cent deux*** *jours – c'est presque pareil !*

Soyez vigilant : *million et milliard* sont des noms, donc ils s'accordent et peuvent prendre le *s* du pluriel : ***Mille millions de milliards d'euros*** ! (Cela doit faire beaucoup, mais on peut rêver !)

Les liaisons dangereuses

Certaines sont obligatoires, d'autres facultatives, d'autres à éviter ; donc dans les liaisons possibles, combien en comptez-vous en écoutant la voix de la Marquise : 4, 6, 7, 8, 9, 10, 12 ou 15 ?

La Marquise de Merteuil au Vicomte de Valmont

C'est pourtant pour ce bel objet que vous refusez de m'obéir, que vous vous enterrez dans le tombeau de votre tante, et que vous renoncez à l'aventure la plus délicieuse et la plus faite pour vous faire honneur. Par quelle fatalité faut-il donc que Gercourt garde toujours quelque avantage sur vous ? Tenez, je vous en parle sans humeur : mais, dans ce moment, je suis tentée de croire que vous ne méritez pas votre réputation ; je suis tentée surtout de vous retirer ma confiance. Je ne m'accoutumerai jamais à dire mes secrets à l'amant de Mme de Tourvel.

Laclos, *Les Liaisons dangereuses.*

Le grand théâtre

L'ami Bobby pour finir

Bobby Lapointe était un grand amateur de jeux de mots laids : amusez-vous avec des amis en leur proposant de retranscrire sur une feuille ces extraits que vous leur lirez. Chacun notera ce qu'il entend ou croit entendre… Ensuite, vous comparerez avec la version écrite et vous compterez les approximations et les fautes. Rires assurés !

Extrait n° 1 : **Saucisson de cheval**

Moi qui vins de Grèce… de ch'val
Je m'appelle Oreste… de ch'val
Tapaboufélos… de ch'val
J'débarqu'à Paris… de veau
De prend' le métro… de ch'val
Quand on n'connaît pas… de ch'val
Oh ! c'qu'on s'amuse oh !… de bœuf

Extrait n° 2 : **Troubadour, ou la Crue du Tage**

Dans les flots un poulet de la P.J.
Soutenait le corps beau à peau lisse
D'un' belle fille qui pensait « comme y' serre »
Et pourtant il n'était qu'inspecteur
Et chantait en nageant
Pour se donner de l'entrain
Ce suave refrain
Ces propos engageants (de police)

Extrait n° 3 : **Mon père et ses verres**

Mon père est marinier
Dans cette péniche
Ma mère dit : « La paix niche
Dans ce mari niais »
Ma mère est habile
Mais ma bile est amère
Car mon père et ses verres
Ont les pieds fragiles

Extrait n° 4 : **Le Tube de toilette**

J'apprécie quand de toi l'aide
Gant de toilette
Me soutient cela va beau-
Ce lavabo
Coup plus vite c'est bien la vé-
C'est bien lavé
Rité, ça nous le savons
À nous l'savon
De toilett'

Juste ciel ?

Complétez ces mots par -ciel ou -tiel :

actan-........ ; *circonstan-*........ ; *concurren-*........ ;
confiden-........ ; *démen-*........ ; *didacti-*........ ;
différen-........ ; *exponen-*........ ; *indi-*........ ;
intersti-........ ; *pestilen-*........ ; *poten-*........ ;
présiden-........ ; *substan-*........ .

Résultats

Niveau 1 : moins de 5 bonnes réponses. Le ciel n'est pas avec vous !
Niveau 2 : entre 6 et 9 bonnes réponses. Les dieux ne sont plus en colère contre vous !
Niveau 3 : entre 10 et 13 bonnes réponses. Vous approchez de l'Olympe !
Niveau 4 : 12 bonnes réponses. Nectar et ambroisie, c'est la tournée du patron !

L'heure de la récitation

Saurez-vous dire à maître Jean quel est le nombre de liaisons prononcées dans sa fable ? 5, 6, 7, 8, 9, 10, 11, 12, 13… ou plus !

Le Corbeau et le Renard

Maître corbeau, sur un arbre perché,
Tenait en son bec un fromage.
Maître renard, par l'odeur alléché,
Lui tint à peu près ce langage :
« Hé ! bonjour, Monsieur du Corbeau,
Que vous êtes joli ! que vous me semblez beau !
Sans mentir, si votre ramage
Se rapporte à votre plumage,
Vous êtes le phénix des hôtes de ces bois. »
À ces mots le corbeau ne se sent pas de joie ;
Et pour montrer sa belle voix,
Il ouvre un large bec, laisse tomber sa proie.
Le renard s'en saisit et dit : « Mon bon Monsieur,
Apprenez que tout flatteur
Vit aux dépens de celui qui l'écoute :
Cette leçon vaut bien un fromage sans doute. »
Le corbeau, honteux et confus,
Jura, mais un peu tard, qu'on ne l'y prendrait plus.

Jean de la Fontaine.

Résultats

Niveau 1 : vous êtes à 5 unités de la bonne réponse. Vous n'aimez pas La Fontaine ?
Niveau 2 : vous êtes à 3 unités de la bonne réponse. Pas d'histoire, il faut réciter à nouveau.
Niveau 3 : vous êtes à 1 unité de la bonne réponse. La liaison est presque parfaite !
Niveau 4 : vous avez trouvé la bonne réponse. Bravo, vous êtes un vrai agent de liaisons !

À retenir sans faute

Les liaisons sont impossibles :

– après la finale muette d'un nom commun au singulier : *nez à nez, un coup intéressant; un rat affreux, un bon à rien*

– devant un *h* aspiré : *les haricots, la haine, un hot-dog*

– entre deux groupes syntaxiques importants : *les enfants écoutent*

– après les noms propres : *Paul est revenu*

– avec les conjonctions *et, ou : du pain et du beurre, du pain ou de la brioche*

– après les adverbes interrogatifs : *Quand est-il parti ? Combien en avez-vous ?*

– après les pronoms personnels sujets dans une inversion : *Vont-ils accepter ?*

Muet ou aspiré ?

Combien de *h* muets et de *h* aspirés ?

1. *Ce soir au bowling les boules font un hors-piste.*
2. *Faire des haltères ne désaltère pas.*
3. *Trop de hamac nuit à l'estomac.*
4. *Ce jeune hareng sort du banc.*
5. *Fumer un havane ne rend pas plus fidèle.*
6. *Pour lui les liaisons fatales sont des hobbys.*
7. *On peut toujours compter sur une horloge comtoise.*
8. *Les organisations humanitaires n'ont pas vocation à se taire.*
9. *Drame du jeu : un huit de trèfle est resté sur le carreau.*
10. *Le vingt-huit février attend patiemment le vingt-neuf tous les quatre ans.*

Résultats

Niveau 1 : moins de 5 bonnes réponses. Le h, ce n'est pas votre « truc » !
Niveau 2 : entre 5 et 7 bonnes réponses. Moins d'horreurs, c'est bien !
Niveau 3 : entre 8 et 9 bonnes réponses. Votre heure H s'approche !
Niveau 4 : 10 bonnes réponses. Hourra ! hourra !

Au Bonheur des fautes

Entrez dans le plus grand magasin de fautes du monde, faites vos emplettes et découvrez, dans chaque rayon, un choix de fautes exceptionnel ; vous y trouverez les fautes les plus courantes mais aussi les moins évidentes. Celles que vous savez éviter et d'autres inattendues auxquelles vous n'aviez peut-être pas pensé !

Rayon antiquités

Parfois, on fait son savant mais on en perd son latin. Faites le retour aux sources !

1. *La fécondation in extenso fait des progrès considérables.*
2. *Il faudra lire casus belli le mode d'emploi.*
3. *Les secours sont arrivés ad hoc.*
4. *Les manifestants ont été repoussés ad libitum.*
5. *Le travail est la condition in vitro pour réussir.*
6. *Pour régler ce conflit, il faudra réunir la commission sine qua non.*
7. *Les musiciens ont joué toute la soirée in extremis.*
8. *Il a les qualités manu militari pour réussir cet exploit.*
9. *En matière de gastronomie, ce restaurant propose le grosso modo.*
10. *Ses propos outrageants constituent un véritable nec plus ultra.*

1. *La fécondation* .... *fait des progrès considérables.*
2. *Il faudra lire* .... *le mode d'emploi.*
3. *Les secours sont arrivés* ....
4. *Les manifestants ont été repoussés* ....
5. *Le travail est la condition* .... *pour réussir.*
6. *Pour régler ce conflit, il faudra réunir la commission* ....
7. *Les musiciens ont joué toute la soirée* ....
8. *Il a les qualités* .... *pour réussir cet exploit.*
9. *En matière de gastronomie, ce restaurant propose le* ....
10. *Ses propos outrageants constituent un véritable* ....

Rayons curiosités

Premier rayon

La plupart de ces mots étranges existent, mais ce n'est pas la peine d'en rajouter. Repérez les cinq ectoplasmes !

bézoard • bétunoire • cacographie • chardonucle • dandinette • émencation • formi • fraser • hère • isocaphe • liquidambar • messier • mordication • numulose • oliban • rohart • sétacé • tupinet

Deuxième rayon

Ceux-là aussi sont étranges mais ils se présentent avec leur définition ; pourtant trois d'entre eux sont des imposteurs. Soyez intransigeant !

abrouti : se dit d'un bois dont les pousses ont été broutées par des animaux.

caton : tringle en fer.

ducassette : petite pièce de monnaie valant le quart du ducat en usage autrefois à Venise féer : douer de propriétés magiques.

goureur : celui qui falsifie un produit.

guéritoire : partie de charpente faisant saillie à la proue d'un navire à voile.

lupuline : alcaloïde extrait du lupulin, utilisé pour donner l'amertume à la bière.

molard : amas de terre en forme de môle.

palotage : action de fouiller le sable avec le palot.
picole : pioche qui sert à déchausser les vignes dans les sols pierreux.
rapature : baquet de bois utilisé par l'ouvrier parcheminier.
rebéquer (se) : répondre vivement.
suites : les testicules du sanglier.

Expressions soldées ou contrefaçons

A . Voici un premier lot à examiner : de prime abord, elles ressemblent à des expressions bien connues, mais pourtant… À vous de retrouver les originales !

Chercher une aiguille dans une meute de foin.
Ce n'est pas du lustre.
Ne pas courir deux lèvres à la fois.
Il n'est pas à prendre avec du pain sec.
Il n'est pas sorti de la cuisine à Jupiter.
Il est fier comme un bar tabac.

B . Voici un second lot, composé d'expressions populaires bien connues, enfin croit-on… Chaque expression est vendue avec son explication : une seule est exacte, les autres sont des contrefaçons. Faites votre choix :

Être en rupture de ban : manquer de places assises pour accueillir tous les invités d'un mariage.
Fier comme un pou : se pavaner comme un pou devant sa puce.
Coincer la bulle : jeu très ancien qui consiste à bloquer une bulle d'air au fond d'un verre.
Pleurer comme une Madeleine : en référence au biscuit qui suinte en sortant du four.
Tomber dans le panneau : se faire prendre comme un oiseau dans un filet.

À RETENIR

Curiosité

Le lipogramme (« à qui il manque une lettre ») est un exercice littéraire qui consiste à un écrire un texte en excluant une ou plusieurs lettres de l'alphabet. Le lipogramme le plus célèbre est sans doute le roman de Georges Perec *La Disparition* (1969), dont voici un extrait : *Un jour vint pourtant où Linda partit pour toujours. Nous aurions dû la bannir à jamais ; mais voilà, nous l'aimions. Nous aimions tant son parfum, son air rayonnant, son blouson, son pantalon brun trop long, nous aimions tout.* Vous l'avez remarqué, il n'y a pas une seule fois la voyelle *e*, la lettre la plus employée de la langue française. Essayez à votre tour d'écrire un texte cohérent de cinq lignes sans *e*. Bon courage !

Le rayon des pluriels

Tout le monde sait que l'on dit un chameau / des chameaux, un canal / des canaux ; mais dans cette suite, le pluriel de al est als ! Cependant en regardant de plus près, vous trouverez un intrus finalement un peu particulier…

acétal • *aval* • *banal* • *bancal* • *carnaval* • *cérémonial* • *chacal* • *festival* • *natal* • *tonal* • *virginal*

À retenir sans faute

Le pluriel des mots composés

Bien sûr il y a quelques exceptions, mais en retenant ces quelques règles, vous éviterez les principaux pièges.
Nom + nom ▸ les deux noms prennent la marque du pluriel : *des oiseaux-lyres.*
Nom + préposition + nom ▸ seul le premier nom prend la marque du pluriel : *des arcs-en-ciel.*
Adjectif + nom ; adjectif + adjectif ▸ les deux mots prennent la marque du pluriel : *des remarques aigres-douces.*
Verbe + nom ▸ seul le nom prend la marque du pluriel : *des casse-pieds.*
Verbe + verbe ▸ aucune marque de pluriel : *des savoir-faire.*

Couleurs composées ▸ aucune marque de pluriel : *des yeux bleu foncé.*

Le pluriel des noms juxtaposés

Un nom caractérise un premier nom : *des paquets cadeaux* ; les deux noms prennent la marque du pluriel.

Attention, pas d'accord, si le deuxième nom est le complément du premier : *des voyages éclair* (des voyages faits à la vitesse de l'éclair).

Le rayon bon chic, bon genre

Quel succès aux rayons masculin, taille A, et féminin, taille E, tout y est mélangé ! Replacez les mots dans leur genre. Bon courage !

Rayon masculin : *abaque, abside, acabit, acoustique, adage, agrumes, alcôve, alluvion, alvéole, amibe, ancre, anicroche, antidote, antre, apogée, argile, aromate, arrhes, astérisque, avant-scène.*

Rayon féminin : *ébène, ecchymose, échappatoire, écrevisse, effluve, égide, éloge, encaustique, en-tête, entracte, enzyme, éphéméride, épiderme, épithète, équinoxe, équivoque, esclandre, exode, extrême.*

Homme ou femme ?

Charles-Geneviève de Beaumont passa pendant quarante-neuf ans pour un homme et trente-trois ans pour une femme ! Plus connu sous le nom du chevalier d'Éon, cet ancien espion de Louis XV, secrétaire d'ambassade et « homme » de lettres, défraya la chronique en s'habillant tantôt en homme, tantôt en femme, et en signant *le chevalier et la chevalière d'Éon.* Ce personnage finit sa vie habillé en femme, mais à sa mort en 1810, l'examen du corps par des médecins révéla des *organes mâles de la génération parfaitement formés sous tous les rapports.*

Rabais sur le pléonasme… ou deux pour le prix d'un !

Dans ces temps de crise, *il ne faut pas gâcher* comme aurait dit un célèbre entraîneur de football ; le pléonasme est une répétition de mots ayant le même sens : tout le monde sait monter en haut et descendre en bas ! Mais certains pléonasmes sont passés dans l'usage et sont si utiles que personne n'oserait les éliminer. Saurez-vous les retrouver dans ce lot de pléonasmes en promotion ?

achever complètement • *ajouter en plus* • *aujourd'hui* • *collaborer ensemble* • *s'entraider mutuellement* • *être contraint malgré soi* • *gai luron* • *hémorragie de sang* • *s'immiscer dans* • *le lendemain* • *reculer en arrière* • *saupoudrer de sel* • *transférer au-delà*

Rayon littérature

A. Les pseudonymes : les livres ont été beaucoup consultés et certains écrivains (mais pas tous !) ont perdu leur nom de plume ; vérifiez que chacun a bien sa véritable identité.

François-Marie Arouet	➧	Voltaire
Henri Beyle	➧	Julien Gracq
Marguerite de Crayencour	➧	Duras
Louis Ferdinand Destouches	➧	Lautréamont
Marguerite Donnadieu	➧	Yourcenar
Isidore Ducasse	➧	Céline
Eugène Grindel	➧	Paul Eluard
Wilhelm de Kostrowitzky	➧	Apollinaire
Louis Poirier	➧	Stendhal
Jean-Baptiste Poquelin	➧	Molière

B. Des œuvres en quête d'auteur : l'affluence n'a pas épargné les titres qui, dans l'effervescence, se retrouvent avec un auteur qui n'est pas le leur. Merci de redonner à chaque œuvre son créateur.

Colette	➧	*Où on va papa ?*
Albert Camus	➧	*Toutes ces choses qu'on ne s'est pas dites*
Jean-Paul Sartre	➧	*Sido*
Muriel Barbery	➧	*Les Yeux jaunes des crocodiles*
J. M. G. Le Clézio	➧	*J'aurais préféré vivre*
Marc Levy	➧	*L'Étranger*
Katherine Pancol	➧	*La Consolante*
Anna Gavalda	➧	*L'Élégance du hérisson*
Stieg Larsonn	➧	*Un lieu incertain*
Thierry Cohen	➧	*Ritournelle de la faim*
Jean-Louis Fournier	➧	*La Nausée*
Fred Vargas	➧	*La Fille qui rêvait d'un bidon d'essence et d'une allumette*

C. Ici les auteurs sont classés par siècle, mais visiblement des lecteurs n'ont pas remis tous les ouvrages à la bonne place ; aidez le libraire à rétablir le bon classement.

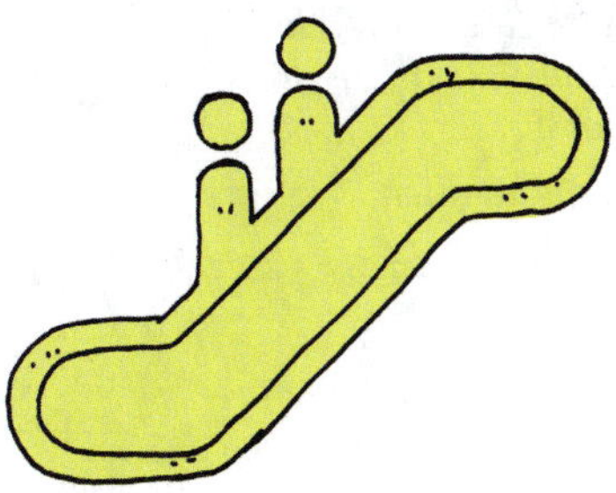

XVIe : Corneille • Rabelais • Ronsard • Du Bellay

XVIIe : La Fontaine • Montaigne • Racine • La Bruyère

XVIIIe : Montesquieu • Molière • Rimbaud • Diderot • Rousseau

XIXe : Sartre • Millet • Hugo • Proust • Pancol • Chateaubriand • Baudelaire

XXe : Gavalda • Ionesco • Malraux • Levy • Flaubert • Voltaire

XXIe : Cocteau • Le Clézio • Vargas • Balzac • Prévert

À RETENIR

Le correcteur d'orthographe

Cela ou ceci ?

Cela renvoie à ce qui précède ou à ce qui est le plus éloigné. *Ceci* renvoie à ce qui suit ou à ce qui est le plus proche.

À l'oral on entend souvent la forme fautive *ceci dit* pour quelque chose dont on vient de parler : il faudrait dire *cela dit*. Maintenant cela se sait !

Un objet de luxe !

Vous avez hésité longuement, et finalement vous avez craqué. Vous l'avez acheté.

Il faut dire que c'est un objet de luxe, rare donc ! Le fameux texte aux cent et une fautes !

Vous le serrez contre vous et vous rentrez vite chez vous pour l'essayer. Cent et une fautes à retrouver ! Bon plaisir !

L'écrit des mouettes

ou l'histoire de deux mouettes en ballade à la pointe Sainte-Barbe près du Conquet.

Nous sommes des sœurs jumeles nés sous le signe des goëmons. Nous avons toujour vécues ici ; nous connaissons l'endrois comme notre poche.

Tenez, par exemple ce phare à la sortie du port ; et bien nous avons parfaitement connus son gardien : on pourraient vous en racontez de bonnes sur lui. La, le bâteau jaune, à côté de la vedette de la SNSM, c'est un bateau à fonds de verre pour voir les fonts sous marins. Pour nous, merçi bien, ce n'est pas nôtre tasse de thé.

Bon, on cause, on cause, mais il faut qu'on n'y aille ; je te rappele que cette semaine nous travaillont devant le bar de l'hotel de la pointe sainte barbe.

- *Dit donc soeurète, tu sais qui j'ai vus dans ce bar l'autre jour ?*
- *Non, mais tu va me le dire.*
- *Dame oui, le gar qui jouait le juge dans le feuilleton Les Cordier.*
- *Ah oui, bruno Madinier.*
- *Oui sait ça. Je l'es vu comme je te voit, il joue dans un téléfilm qui se tourne dans le coin : une sombre histoire de famile dans une ile des parrages.*
- *Bon, surveilles un peu ton virage au lieu de bavardée comme une pipelète. Il devrait astiqué leur plafond au bar ; c'était une bonne idées ses lames cuivrés mais il faut que ça brille, sinon c'est môche. C'est de l'entretien. Tient, tu a vue ? Le serveur, il s'entette à mette sa cravate bleu avec des poids jaune. Oh, mais il y a déja du monde au restaurant ! Les gens on l'air d'être dans un aquarrium. Je ne comprend pas ce que dit la cliente qui rentre dans le bar !*
- *Tu deviens sourde, frangine. Tu va de mal en pire ! J'ai parfaitement entendue d'ici.*
- *Et que disait-t-elle, mademoiselle « je sais tout » ?*
- *Elle disait : « Le chien est fatiguer ! »*
- *Oui, merci, mais tu n'as rien remarquer d'autre ? Non ?*
- *Et bien elle a un accent portuguais.*
- *Ah, mademoiselle fait sa savante, mais sert dont ton virage !*
- *Quant même, ils ont une sâcrée vu depuis le bar ; les clients peuvent voir passés tout les bateaus dans le goullet et cette vue imprenable sur Béniguet !*
- *Bon, maintenant assez bavarder, on nous regarde. Aller au boulot, programme « sortie du port » ; j'entame quelque volts pendant que toi tu fais un piquer. On se retrouve a la hauteur de la jeté et on reviend vers la bai vitré ; on leur faits un passage en formation puis un éclatement et une série de phases plané. Au jourd'hui, c'est toi qui pousse les cris ; j'ai du prendre froid hier, je suis enroué.*

- *Toujour des excuses.*
- *On prend de l'age, ma vielle. Au fait ça fait combien de temps qu'ont fait ce boulôt ?*
- *Si je compte bien, cela fait au moins dix-huits ans.*
- *Déja ! Tu sais que nous sommes des pionières ; on devrait avoir une mèdaille !*
- *Si ma mémoire est bonne, nous sommes les deux premières mouettes a avoir été embauché par un syndicat d'initiatives pour faire de l'annimation dans un port pendant la saison touristique.*
- *Aller, c'est parti, virage sur la gauche !*

Rayon petites maladresses

On vous comprendra, mais il existe une formulation plus précise.

❶ *Je vous promets qu'il est là ➧ Je vous .... qu'il est là.*
❷ *Le rôle de cet organe est vital ➧ La .... de cet organe est vitale.*
❸ *Les enfants, on est arrivés ➧ Les enfants, ... arrivés.*
❹ *Messieurs dames, bonjour ! ➧ .... messieurs, bonjour !*
❺ *Il s'est trompé mais ce n'est pas de sa faute ➧ Il s'est trompé mais ce n'est pas .... faute.*

La cabine des C

Un *c*, deux *c* ; passez dans la cabine d'essayage et faites « les C ». Tantôt il faut deux *c* (il faut donc « cesser » d'hésiter !), tantôt il faut un *c* (et cela se « sait » !) ; mais ces mots semblent l'ignorer : un ou deux, à vous de choisir et de rétablir les graphies défaillantes !

acabit • académie • acajou • accanthe • acaparer • accélération • acceptation • accidentel • accointance • accolade • accolyte • accoquiner • accorder • accostage • acoutrer • acréditation • accrimonie • accroître • acrostiche • accumulation • acupuncture • oclusion • occulaire • occurrence • succéder • suculent • succursale

Les petites dernières

Elles terminent l'alphabet : W, X, Y, Z ! Intéressantes au scrabble, elles sont à l'initiale de peu de mots de la langue française. Saurez-vous retrouver dans chaque série les deux graphies fautives ?

wahhabisme • wallabi • wapiti • wallingant • wigwam • whisigoth • wolof

xanthie • xénophyle • xéranthème • xéres • xylidine • xylophone

yachthing • yogourt • yourte • ypérite • yuca • yuppie

zététhique • zeuzère • zostère • zoulou • zygène • zhygomatique

La toile

C'est nostalgique et il y a plein de fautes dans la toile d'araignée ; faites le ménage !

Ici, tout a l'air paisible, c'est un petit hâvre niché au fond d'une anse : un pin maritime au-dessus du toit, des volets bleus, une terrasse accueillante ; en entrant, une petite salle à droite avec une cheminée, une pièce de tissu sur le lintau de granit, et deux anciens gardes-manger ; les rideaux François Le Villec de Quimper, des photos anciennes. Au sol, un carrelage ancien avec des roses des vents. Derrière le comptoir, des étagères chargées de bouteilles pleines, Vabé, Byrrh, Le p'tit Quimpérois, un monde de rouges anciens qui attendent d'improbables gosiers : la poussière et un réseau touffu de fils d'araignée a transformé les alignements de bouteilles en une étrange chrysalide.

Ici, tout a l'air paisible, même si parfois une drôle de voix accueille les clients en disant : « Ici, c'est moi la patronne ! » Il faut dire que la patronne a six pattes alors qu'autrefois elle avait deux jambes comme tout le monde.

Ça s'est passé un soir d'hiver ; un soir d'hiver et de tempête ; un soir de réglement de comptes où le vent vous aide à déballer tout ce que vous avez sur le cœur ; un soir où les sentiments arrachent tout, vous font boire de l'amertume amère comme de grands paquets de mer. Un soir où les gars de l'Abri du marin étaient tous réunis autour de la chaloupe, près à mourir pour faire vivre.

La patronne avait vingt ans, jeune et jolie. Son homme était en mer. Elle a senti le vent mauvais tourné ; elle a vu dans le ciel, juste au-dessus du phare, l'éclair de la fusée de détresse. Son cœur s'est serré. Les gars de l'Abri du marin ont fait un signe de croix et poussé la chaloupe à la mer. On les a attendu toute la nuit ; la patronne a attendu aussi.

Vers les midi, tout le monde a vu arriver la chaloupe de l'Abri du marin ; les gars exténués ramaient en silence. Au milieu de la chaloupe, il y avait une grande toile cirée et dessous le corps de l'homme de la patronne. Elle était sur le quai quand la chaloupe a accosté ; elle a compris, n'a rien dit quand le corps a été hissé à terre. Elle a pris la main inerte de son homme, l'a serré longuement. Puis elle est retournée dans son café.

C'est à partir de ce moment là qu'elle est devenue bizarre. Elle a commencé à dérouler un fil et à le tendre sur les bouteilles derrière le comptoir comme pour les emprisonner. Elle a passé le reste de la journée à tendre inlassablement un mince fil ténu, presque invisible, sur toutes les bouteilles. Les pêcheurs venus boire un coup sont restés silencieux mais ont pensé : « Araignée du matin, chagrin.

Le soir, les gars de l'Abri du marin ont débarqué pour faire leur partie de cartes ; c'est là qu'ils ont vu que la patronne avait changé. Mais ils n'ont rien dit, ils ont respecté son chagrin, ils ont fait comme si. Pourtant ça leur a fait bizarre quand ils ont vus que la patronne n'avait plus deux jambes mais six pattes. Ils n'ont rien dit, car dans leurs têtes dures, ils étaient tout de même content qu'elle soit encore là, vivante. Tous ont pensé en silence : « Araignée du soir, espoir. »

Évidemment aujourd'hui elle ne sert plus, cela ferait fuir les clients qui n'ont pas la tête dure comme nos gars : deux jolies petites serveuses font le service, mais si vous approchez du comptoir et si vous regardez bien sur les étagères pleines de ses fils, vous l'apercevrez peut-être....

Résultats

Niveau 1 : vous avez trouvé moins de 6 fautes. Vous avez peur des araignées ?
Niveau 2 : vous avez trouvé entre 7 et 10 fautes. Vous avez passé un coup de chiffon, mais il reste à faire…
Niveau 3 : vous avez trouvé entre 11 et 14 fautes. Une vraie petite fée du logis…
Niveau 4 : vous avez trouvé les 15 fautes, bravo ! Ce bar existe, il est à Sainte-Marine près de Bénodet (29) : il vous attend.

Dites comment vous fautez, et nous dirons qui vous êtes. Chaque « épreuve » vous révélera vos points forts et peut-être aussi quelques points à améliorer…

Portrait minute

Êtes-vous un as de la mise au point, à la virgule près ?

Voici quatorze affirmations sur la ponctuation. À vous de dire, si cela est vrai ou faux.

	Vrai	Faux
❶ Le mot virgule vient du latin *virgula*, « petit virage ».		
❷ La virgule marque une pause dans la phrase tandis que la voix baisse.		
❸ La virgule ne permet pas d'insérer des éléments explicatifs entre le sujet et le verbe.		
❹ La virgule permet d'évoquer une succession chronologique.		
❺ Le point-virgule sépare deux propositions.		
❻ Les deux points permettent de citer les paroles de quelqu'un.		
❼ Les deux points permettent d'annoncer une explication.		
❽ Le point indique la fin d'une phrase, une baisse de la voix et une pause importante avant de passer à la phrase suivante.		
❾ On n'utilise le point d'interrogation qu'avec une interrogation directe.		
❿ À la fin d'une phrase le point d'exclamation exprime un sentiment ou une intention.		
⓫ On peut mettre trois, quatre ou cinq points de suspension à la fin d'une phrase.		
⓬ Les guillemets permettent de citer les paroles ou les écrits de quelqu'un.		
⓭ On peut écrire *entre parenthèse*.		
⓮ Le tiret sert à indiquer le changement d'interlocuteur dans un dialogue.		

Votre portrait

- Moins de 5 bonnes réponses : l'image est floue ; il faut refaire le portrait.
- Entre 6 et 8 bonnes réponses : il fallait vous coucher plus tôt, on voit un peu votre fatigue sur la photographie.
- Entre 9 et 13 réponses : l'image est bonne, vous pourrez la montrer à vos amis.
- 14 bonnes réponses : vous êtes vraiment photogénique.

Échographie

Alors docteur, c'est un garçon ou une fille ? En regardant le cliché, faites votre diagnostic.

alluvion • *antre* • *câpre* • *clepsydre* • *colchique* • *dartre* • *décombres* • *éphéméride* • *épithète* • *exorde* • *immondices* • *ivoire* • *obélisque* • *opprobre* • *opuscule* • *orbite* • *patère* • *pénates* • *silicone* • *termite*

Diagnostic

- Moins de 8 bonnes réponses : il serait prudent d'envisager une autre activité.
- Entre 9 et 14 bonnes réponses : pour déterminer le sexe des anges, il faudra encore travailler.
- Entre 15 et 19 bonnes réponses : votre diagnostic révèle déjà un futur grand professionnel.
- 20 bonnes réponses : vous pouvez poser votre plaque.

Le correcteur d'orthographe

Les mots épicènes (du grec *epikoinos*, « commun ») désignent des mots identiques pour les deux genres.
Quelques épicènes masculins : *ange – assassin – commissaire – génie – mannequin – médecin – voyou.*
Quelques épicènes féminins : *canaille – estafette – idole – recrue – sentinelle – vedette – vigie.*

Images en couleur

On dit souvent que les goûts et les couleurs ne se discutent pas. Pour les goûts, vous faites comme vous voulez, mais pour les couleurs vous devez choisir : certaines s'accordent et d'autres restent invariables.

1. *La mer est bleue comme une carte bancaire.*
2. *Ces pacifistes portent des tenues kakies.*
3. *L'écureuil a craqué devant ses yeux noisettes.*
4. *Ce grand monsieur fait partie de l'élite, c'est pourquoi il porte toujours des gants crème.*
5. *Ces dessins sépias représentaient de magnifiques séquoias.*
6. *C'est probablement parce qu'ils portent souvent des écharpes moutardes que le succès leur est monté à la tête.*
7. *Sa bouche vermeille trahit son grand âge.*
8. *Les robes isabelle se rencontrent souvent dans les écuries.*
9. *Katharine Hepburn n'avait pas les cheveux auburns.*
10. *Porter des complets marron n'est pas indiqué pour des avocats.*

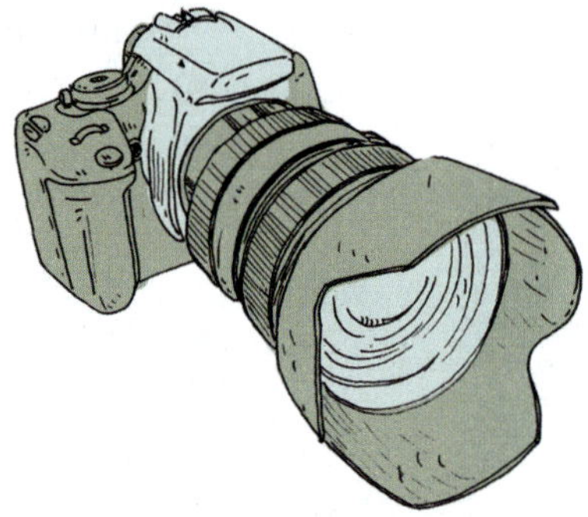

Cet exercice vous a donné des couleurs…

- Moins de 3 bonnes réponses : oh ! vous êtes un peu pâlot !
- Entre 4 et 6 bonnes réponses : vous allez déjà mieux !
- Entre 7 et 9 bonnes réponses : le sang vous monte aux joues !
- 10 bonnes réponses : quel feu d'artifice !

À retenir absolument

Tous les adjectifs de couleur s'accordent en nombre et en genre avec le nom qu'ils caractérisent, sauf les adjectifs d'origine étrangère (*auburn, kaki*) et les noms communs (souvent des plantes ou des minéraux) employés comme adjectifs de couleur *(aubergine, paille, cannelle, marron, orange, corail, ocre, nacre, turquoise).*

Chanter avec Gavroche

Dans *Les Misérables*, Victor Hugo fait chanter le personnage de Gavroche, le fils des Thénardier. À deux reprises, le jeune garçon commet une faute de construction (barbarisme) ; à vous de rectifier.

On est laid à Nanterre,
C'est la faute à Voltaire,
Et bête à Palaiseau,
C'est la faute à Rousseau.

Vous n'avez pas trouvé ; Victor vous dirait :

Vous êtes tombé par terre
C'est la faute à Voltaire,
Le nez dans le ruisseau,
C'est la faute à Rousseau.

Vous avez trouvé ? Oui, alors Victor vous dirait :

Et s'il n'en reste qu'un vous serez celui-là !

La faute exprès/express

Un soi-disant secret sera révélé par le journaliste du Pingouin gelé.

Vous n'avez pas trouvé : changez de journal !
Vous avez trouvé : gardez le secret !

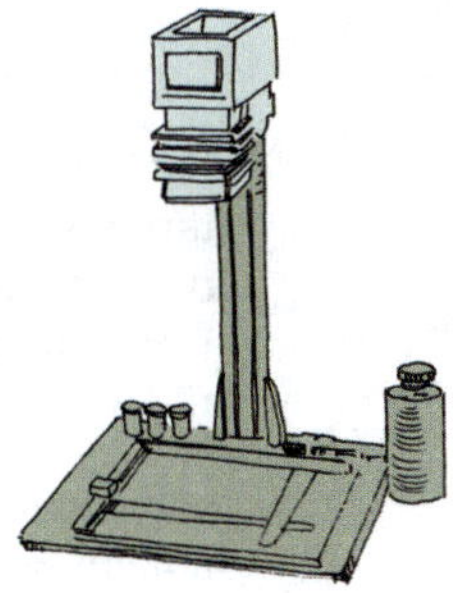

Maux de tête ?

Faites des mots croisés, et chassez les fautes et les maux !

	I	II	III	IV	V	VI	VII	VIII
1								■
2			■					
3			■	■		■		
4								
5							■	
6	■							
7								

Horizontalement

1 On y entrent en sortant du primaire.

2 Ce cours ne tient pas en classe ; pour faire de bons cachoux.

3 Il en rajoute toujours ; à l'endroit, c'est un début, à l'envers s'est un pronom familier.

4 Vivante, elle peut faire coin-coin, dans l'assiette elle ait cuite.

5 C'est un acte de l'esprit qui n'as plus toute sa tête

6 L'homme de pouvoir le fais.

7 Leur beauté nait de la rencontre.

Verticalement

I Elle peut sortir des grandes écoles ou d'un coup de fouet.

II Elle aussi peux faire coin-coin.

III Il est au bord de la conbe.

IV Article ou clé ; est-ce que l'abeille la reconnaitrait dans un tel désordre ?

V Dans un jeu, elle peuvent être sept.

VI Nom ancien d'une grosse boulle ; vieux animaus qui se trouvaient sur la précédente en VI.

VII Ils furent sonnant et trébuchant ; personnel ou d'équerre.

VIII Ces cipes portent souvent des inscriptions.

Chassé-croisé !

- Vous avez trouvé moins de 7 fautes : vous n'aimez pas les mots croisés !
- Entre 8 et 11 fautes : encore quelques maux de tête ?
- Entre 12 et 14 fautes : vous avez été distrait un instant !
- Vous avez trouvé les 15 fautes : c'est bien, mais si vous avez rempli la grille, c'est encore mieux, bravo !

LE SAVIEZ-VOUS ?

Duos

De la fin du Moyen Âge au XVIe siècle, la langue française fait de nombreux emprunts directs au latin. Ainsi, à côté d'une forme populaire issue du latin par évolution phonétique, apparaît une forme savante : par exemple le mot latin *clavicula* a donné le mot *cheville* avant de réapparaître au XVIe siècle pour donner la *clavicule*, l'os de l'épaule ! Ces duos sont appelés des doublets. En voici quelques exemples :

articulus ➧ *orteil et article*
dotare ➧ *douer et doter*
fragilis ➧ *frêle et fragile*
hospitalis ➧ *hôtel et hôpital*
ministerium ➧ *métier et ministère*
nativus ➧ *naïf et natif*
navigare ➧ *nager et naviguer*
potio ➧ *poison et potion*

Être ou ne pas être dans le journal

Le *Journal officiel* du 6 décembre 1990 présente les conclusions du Conseil supérieur de la langue, qui a produit un rapport sur l'usage de nouvelles graphies ; dans l'ensemble celles-ci ne se sont pas imposées mais sont bel et bien autorisées. Un petit farceur dont nous tairons l'identité a glissé cinq graphies facétieuses ; saurez-vous les retrouver dans cette liste officielle mais néanmoins déroutante ?

alègement • apriori • bonhommie • cèleri • charriot • chaussetrappe • cigüe • corole • diésel • enpiètement • gageüre • girole • imbécilité • lieudit • lunétier • masselote • portevoix • relai • révolver • ronroner • saccarine • tohubohu • tsétsé

Officiellement…

- Vous avez trouvé 1 intrus : vous avez vraiment été déstabilisé par cette nouvelle orthographe.
- 2 intrus : vous avez eu deux intuitions…
- 3 ou 4 intrus : vous avez l'esprit novateur.
- Vous avez trouvé les 5 intrus : une place vous attend au Conseil…

À RETENIR

Curiosité

La dictée de Prosper Mérimée !

Attribuée à Mérimée, cette dictée fut réalisée lors d'une soirée par l'empereur Napoléon III (c'était un de ses passe-temps favoris), l'impératrice et leurs invités.

L'empereur garda son rang d'empereur en faisant beaucoup plus de fautes que les autres : 75 fautes ! L'impératrice Eugénie n'était pas très loin non plus avec 63 fautes réalisées. Alexandre Dumas fils totalisa 24 fautes ; le prince de Metternich, ambassadeur d'Autriche, quant à lui, montra à quel point il aimait la France et le français avec seulement 3 fautes !

La dictée de Prosper !

Voici la fameuse dictée. Nous avons fait les fautes à votre place ; vous n'avez plus qu'à corriger. « Prosper, yop la boum ! »

Pour parler sans ambiguité, ce dîner à Sainte-Adresse, près du Havre, malgré les effluves embaumées de la mer, malgré les vins de très bons crus, les cuissots de veau et les cuisseaux de chevreuil prodigués par l'amphitryon, fut un véritable guêpier.

Quelles que soient et quelque exiguës qu'aient pu paraitre, à côté de la somme due, les arrhes qu'étaient censées avoir donné la douairière et le marguillier, il était infâme d'en vouloir pour cela à ces fusiliers jumeaux et mal batis et de leur infliger une raclée alors qu'ils ne songeaient qu'à prendre des rafraîchissements avec leurs coreligionnaires.

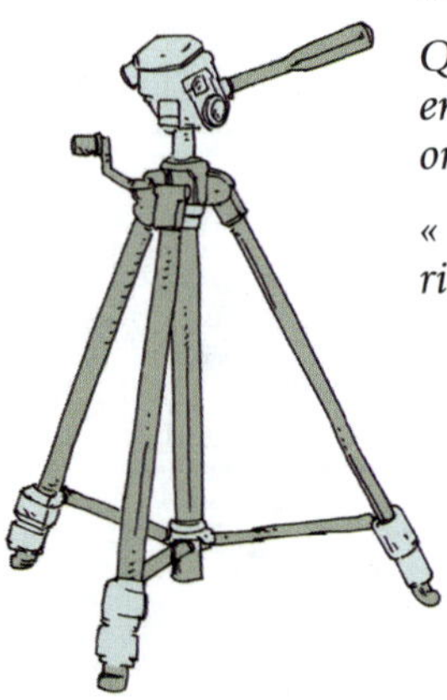

Quoiqu'il en soit, c'est bien à tort que la douairière, par un contresens exorbitant, s'est laissée entraîner à prendre un râteau et qu'elle s'est crue obligée de frapper l'exigeant marguillier sur son omoplate vieillie. Deux alvéoles furent brisées, une dysenterie se déclara, suivie d'une pthisie.

« Par Saint Martin, quelle hémorragie, s'écria ce bélître ! » À cet événement, saisissant son goupillon, ridicule excédent de bagage, il la poursuivit dans l'église tout entière.

C'est vrai, elle est difficile ; c'est pourquoi vous n'y trouverez que treize fautes ! Nombre porte-bonheur !

Vous avez trouvé…

- Moins de 5 fautes : vous avez le profil d'un empereur !
- Entre 6 et 8 fautes : vous avez le profil d'une impératrice !
- Entre 9 et 12 fautes : vous nous avez gâtés, monsieur l'ambassadeur !
- 13 fautes : peut-on encore vous adresser la parole ?

Un défilé de modes

Vous êtes photographe de modes et vous êtes chargé de « couvrir » deux grands défilés.

Premier défilé, collection automne-hiver :

vous ne photographierez que les verbes au mode indicatif.

Je croyais qu'il avait trouvé ce manchot au pôle Nord.

Il souhaite qu'un jour il vienne constater par lui-même que ce sont les pingouins qui vivent au pôle Nord.

Tu penseras certainement que nous avons eu tort d'acheter cet igloo au Sénégal.

Vous doutiez que nous fussions capable d'installer notre hamac sur cet iceberg.

Il semblerait qu'il finît toujours par perdre la raison dès qu'il fait froid.

Deuxième défilé, printemps-été :

vous ne photographierez que les verbes au mode subjonctif.

Je savais que le printemps ne viendrait pas avec une seule hirondelle.

Nous exigerons que l'été soit très ensoleillé.

Ces touristes cherchent un endroit qui ait du soleil même la nuit.

Nous avons insisté pour que ces touristes aillent chez le médecin.

Le mois d'août viendra après le mois de juillet afin qu'il n'y ait pas d'histoires avec les vacanciers.

Les bons clichés !

- Moins de 4 bons clichés : il fallait penser à recharger la batterie !
- Entre 5 et 8 bons clichés : petit problème de netteté !
- Entre 9 et 12 bons clichés : vous êtes un familier des modes !
- 13 bonnes réponses : on peut vous appeler « Maître » !

LE SAVIEZ-VOUS ?

Parlons François !

C'est par l'ordonnance de Villers-Cotterets, 15 août 1539, voulue par le roi François 1er, que le français devient la langue nationale officielle :

Nous voulons d'ores en avant que tous arrests, ensemble toutes autres procédures, soient de nos cours souveraines et autres subalternes et inférieures, soient de registres, enquestes, contrats, commissions, sentences, testaments, et autres quelconques actes et exploicts de justice, ou qui dépendent, soient prononcez, enregistrez et délivrez aux parties en langage maternel français et non autrement.

(François 1er)

Parler sans ponctuer ?

Difficile ! Votre mission est donc de retoucher ce texte théâtral en lui redonnant ses inflexions. À vous de ponctuer.

Bérenger. – *Je suis étonné de vous entendre dire cela mon cher Jean Perdez-vous la tête Enfin aimeriez-vous être rhinocéros*

Qui êtes-vous ?

Jean. – *Pourquoi pas Je n'ai pas vos préjugés*

Bérenger. – *Parlez plus distinctement Je ne comprends pas Vous articulez mal*

D'après Ionesco, *Rhinocéros.*

Résultats

Niveau 1 : vous avez ponctué correctement 4 fois. Vous n'aimez pas Ionesco ?
Niveau 2 : vous avez ponctué correctement entre 5 et 7 fois. Vous n'aimez pas les rhinocéros ?
Niveau 3 : vous avez ponctué correctement 8 et 9 fois. Vous pourriez faire du théâtre !
Niveau 4 : vous avez ponctué correctement 10 fois. Bravo, vous avez une carrière de metteur en scène en perspective !

Faire bonne figure !

Heureusement que vous êtes là pour remettre chacun à sa place ! À chaque figure, sa définition et son exemple. Bon courage.

Anacoluthe ➧ répétition d'un même mot ou groupe de mots en tête de phrases
Ma seule étoile est morte, et mon luth constellé
Porte le soleil noir de la Mélancolie.

Gérard de Nerval, *Les Chimères.*

Ellipse ➧ rapprochement de mots de sens différents mais de sonorités proches
Le nez de Cléopâtre : s'il eût été plus court, toute la face du monde aurait changé.

Pascal, *Pensées.*

Anaphore ➧ rupture de construction syntaxique
J'ai reçu un télégramme de l'asile : « Mère décédée. Enterrement demain. Sentiments distingués. »

Albert Camus, *L'Étranger.*

Oxymore ➧ suppression de plusieurs mots qui n'empêche pas le sens
Qui se ressemble s'assemble.

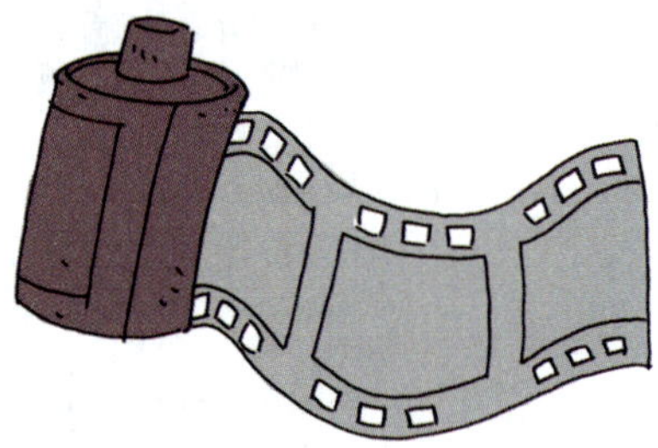

Paronomase ➧ association de mots antithétiques
Rome, l'unique objet de mon ressentiment !
Rome, à qui vient ton bras d'immoler mon amant !
Rome qui t'a vu naître, et que ton cœur adore !

Corneille, *Horace.*

Résultats

Niveau 1 : vous avez retrouvé 1 figure. Vous êtes loin de faire bonne figure !
Niveau 2 : vous avez retrouvé 2 figures. C'est mieux mais il y a encore du travail !
Niveau 3 : vous avez retrouvé 3 figures. Il y en a encore deux qui font grise mine !
Niveau 4 : vous avez retrouvé les 5 figures. Vous êtes un vrai profileur !

Des noms, des noms

Voici dix noms propres. Enfin presque… À vous de repérer et de rectifier les erreurs. Merci pour eux !

Amphytrion • *Anouil* • *Appolinaire* • *Dyonisos* • *Théophile Gauthier* • *Monterlant* • *Nietzche* • *Salammbo* • *Sysiphe* • *Stendal*

Résultats

Niveau 1 : vous avez rectifié 3 noms propres. Regardez la tête des autres !
Niveau 2 : vous avez rectifié entre 4 et 6 noms propres. Les visages s'éclaircissent !
Niveau 3 : vous avez rectifié entre 7 et 9 noms propres. La sérénité revient !
Niveau 4 : vous avez rectifié les 10 noms propres. Vous vous êtes fait de nouveaux amis !

Voyage au pays du Lexique

C'est décidé, vous allez partir en voyage… (p. 4)

A : 3 fautes
(…) cette merveilleuse île découverte (…) la douceur des alizés.
(…) et d'une flore exubérante (…)

B : 1 faute
(…) le plus grand skiable d'Europe. (…)

C : 4 fautes
(…) prêtes à être explorées, (…) le goût de l'aventure (…) : l'orang-outan, les orchidées géantes, (…)

Contrôle d'identité (p. 4)

Les resquilleurs : les adjectifs qualificatifs ne sont pas des déterminants, ils précisent une qualité, une caractéristique.

Ouf ! Vous êtes dans l'avion… (p. 4)

Il y a deux fautes !
(…) Quelle que soit la nature (…) 4 roues motrices intelligente (…)

Il y a trois fautes !
(…) votre poignet, (…) constitue un bijou de (…) vous apprécierez (…)

Lectures de voyage (p. 5)

Non, vous n'êtes pas d'accord avec le coup du Lapin Blanc : sur et près ne sont pas des conjonctions de coordination, mais des prépositions.

L'île des fautes (p. 5)

Soyez indulgent avec Robinson…
(…) Était-ce habité ou inhabité ? (…) bêtes féroces ? (…) et armé (…) fort éloignés (…) îles moindres (…)

Jules Vernes est aussi dans vos bagages (p. 6)

(…) soixante-quinze fois (…) cinq cent soixante-seize fois (…) midi quarante-sept, (…)

S'il n'en reste qu'un ! (p. 6)

(…) un ruisseau d'eau vive grossi (…)

Ouf ! L'avion s'est posé… (p. 7)

Sont masculins : un caducée, un camée, un exergue, un gynécée, un romanée, un nymphée, un acrostiche, un amiante.

Sont féminins : une acné, une algèbre, une coriandre, une échappatoire, une gemme, une octave, une météorite, une écritoire.

Les intrus : mont, thon, nôtre, met, mas, l'heure, vôtre, c'est, sais, sept.

Passage de frontière (p. 8)

Devront patienter : leur, vers, vingt, dont, quel.

Qui a raison ? (p. 8)

B a raison : il n'y a qu'un intrus dans la liste, c'est *le nôtre*, pronom possessif.

Choisir sa chambre ? (p. 8)

Ligne n° 1 : trois fausses affirmations ; *vos, ma, votre* sont des adjectifs possessifs.
Ligne n° 2 : deux fausses affirmations ; *cet* et *ces* sont des adjectifs démonstratifs.
Ligne n° 3 : une seule fausse affirmation ; *des* est un article ! C'est la bonne ligne !
Ligne n° 4 : deux fausses affirmations ; *quelque* et *telle* sont des adjectifs indéfinis.

Suivez le guide (p. 9)

Grâce à vous le guide est devenu un ambassadeur de notre belle langue.

Mesdames et messieurs (Messieurs dames) vous rentrerez après que vous aurez vu (ayez vu) le splendide coucher de soleil sur la montagne et les côtes maritimes (marines). Demain, nous irons nous promener aux alentours (alentour) de la ville ; vous visiterez une magnifique orangeraie et vous pourrez acheter des fruits ; ils sont succulents à cette période de l'année et surtout ils sont moins chers qu'ils n'étaient (qu'ils étaient) il y a un mois. Pour vous ce sera intéressant du point de vue pécuniaire (pécunier), c'est vraiment une occasion à saisir (profiter). Nous mangerons sur place à la bonne franquette (flanquette), vous verrez, ce n'est pas du luxe mais c'est chaleureux.

Mésaventure (p. 9)

Mettre ou ne pas mettre l'accent ? Ce n'est plus la question !
(…) *le petit* déjeuner (…) rodée *selon* (…) *à flanc de* coteau, (…) *la* côte *finale* (…) *fumée* noirâtre (…) *le* bas-côté, *au ras de* l'abîme, (…) *sur un* âne ; *comme c'est la* coutume *ici,* (…) Sûr *de lui* (…).

Faute exprès/express (p. 9)

Respectez la limitation de vitesse, les contrôles radars sont fréquents.
Lorsqu'un nom est juxtaposé à un autre pour le qualifier, il s'accorde avec celui-ci.

Un guide en toutes lettres (p. 10)

Surtout ne pas perdre le nord avec l'adjectif numéral cardinal !
À deux cent vingt-cinq km (…) juillet deux mille trois, (…) une heure et demie (…)

La carte postale (p. 10)

Il faut toujours mettre l'accent sur le positif !
Voilà quinze jours (…) Dès mon retour, (…) ça promet de belles émotions !

L'heure du retour ! (p. 10)

(…) Ou comme celui-là qui conquit (…) puis est retourné, (…) vivre entre ses (…) son âge (…) reverrai-je, (…) Fumer la cheminée (…) quelle saison (…) Reverrai-je le clos de (…) et beaucoup davantage ?
(…) Plus me plaît (…) qu'ont bâti (…) des palais (…) marbre dur me plaît (…) le mont Palatin (…) douceur angevine.

Sur la valise, plein de souvenirs sous la forme d'autocollants fautifs… (p. 11)

(…) une *oasis de verdure* (…) *aromates* savoureux (…) *stalactites* géantes (…) goûter *à notre* havre *de paix* (…) charlotte *aux fraises* (…) *liqueur de* griotte (…) *devenez* polyglotte (…) *ses eaux* turquoise (…) *œuvres* créées (…)

Le grand cinéma

« Parle avec L » (p. 12)

Les verbes suivants doublent la consonne *l* devant un *e* muet :
appeler (j'appelle) – amonceler – carreler – écheveler – étinceler – fuseler – grommeler – museler – renouveler – ruisseler.

Les verbes suivants ne doublent pas la consonne *l* devant un *e* muet et s'écrivent avec un accent grave sur le *e* :
celer (je cèle) – ciseler – congeler – démanteler – écarteler – geler – marteler – modeler – peler – receler.

À l'affiche (p. 12)

Parmi tous ces verbes du 1er groupe, seul aller est irrégulier.

Autant en rempote le vent (p. 12)

Dans *Un taxi pour Tobrouk*, les acteurs marchent (charment) beaucoup.
La voiture de James Bond ne cale (lace) jamais.
Les héros de *Titanic* clament (calment) leur bonheur à la proue du navire.
Robin des Bois arme (rame) les paysans pour lutter contre le vilain shérif.
Dans *L'affaire Pélican*, l'héroïne (Julia Roberts) ne plie (pile) pas devant ses adversaires.

Remise de récompense (p. 13)

(…) *Je ne* m'attendais *pas à* (…) *très* émue *et* bouleversée (…) *qui m'a* associée *à cette* (…) *qui m'a* donné (…) *je ne* citerai *pas* (…) *m'ont* encouragée (…) corrigez-moi (…)

Nous sommes en 1956 (p. 13)

1er : *Je suis le Seigneur ton Dieu.*
2e : *Tu ne* prononceras pas *le nom de Dieu en vain.*
3e : *Se souvenir de* sanctifier *les jours festifs.*
4e : Honore *ton père et ta mère.*
5e : *Tu ne* tueras *point.*
6e : *Tu ne commettras pas d'adultère.*
7e : *Tu ne voleras pas.*
8e : *Tu ne feras pas de faux témoignages.*
9e : *Tu ne* désireras *pas la femme de ton prochain.*
10e : *Tu ne convoiteras pas le bien de ton prochain.*

Les sept mercenaires ! (p. 13)

1. *acenser* : affermer
2. *adsorber* : retenir des molécules
3. *affouager* : diviser une forêt en coupe
4. *allégir* : diminuer le volume d'un objet
5. *amordancer* : traiter une étoffe avec un produit corrosif
6. *autotomiser* : s'automutiler
7. *barbifier* : raser la barbe
8. *bauger* : se mettre dans sa bauge, en parlant du sanglier
9. *boucharder* : réaliser un aspect pointillé sur du ciment frais
10. blachauder : ce verbe est une blague !
11. *calamistrer* : lustrer, friser
12. *candir* : cristalliser
13. *chanstiquer* : remplacer
14. *cônir* : tuer ou mourir
15. *débagouler* : vomir
16. *dindonner* : tromper
17. *écaffer* : partager l'osier en deux
18. *embroncher* : disposer des tuiles ou des pièces de charpente
19. embataver : peut-être « devenir batave », mais pour l'instant n'existe pas !
20. *ensauver* : se sauver
21. *espoliner* : tisser avec des navettes appelées espolins
22. *faseiller* : battre au vent, à propos d'une voile
23. *fluer* : couler
24. *gréser* : poncer avec une meule
25. grébir : on peut gravir une montagne, mais grébir sûrement pas !
26. *havir* : rôtir une viande à grand feu
27. *hucher* : appeler en sifflant
28. *infatuer* : inspirer un engouement excessif
29. jaliner : câliner a du sens, jaliner hélas non !
30. *jasper* : bigarrer
31. *louchir* : perdre sa transparence
32. *matir* : rendre mat
33. *moitir* : rendre moite
34. *noliser* : affréter
35. *nordir* : tourner au nord
36. *ouiller* : remplir à mesure que le niveau baisse
37. *pajoter* : se coucher
38. pramiser : ne rien miser sur cette invention !
39. *primariser* : se rapprocher de l'enseignement primaire
40. *quarrer* : trouver le carré équivalent à une surface quelconque
41. *raire* : bramer
42. ricasser : jacasser oui, mais ricasser impossible !
43. *roustir* : rôtir
44. *saurir* : fumer des harengs
45. *striquer* : être en bataille (en parlant des poils ou des cheveux)
46. *taquer* : mettre de niveau des caractères en imprimerie
47. tolisser : ce verbe ne peut rien faire, car il n'existe pas !
48. *troussequiner* : tracer avec un trusquin (menuiserie)
49. *virguler* : marquer les virgules

La séance de casting (p. 14)

1er test

il assied	ils courent	*il sursoit*	*il trait*	*vous faites*
vous assoyez	*nous haïssons*	*je joins*	vous jetez	*je vois*
il arguë	*il paye*	je vêts	*vous absolvez*	*il vainc*
je couds	je bous	*il acquiert*	*il croît*	*il absout*

2e test

Il faut que nous répétions notre rôle. – Le verbe *répéter* est à l'imparfait : faux, au présent du subjonctif.

J'aurais aimé jouer cette scène. – Le verbe *aimer* est au futur antérieur : faux, au conditionnel passé première forme.

Pour ce passage, il fallait qu'il jouât juste. – Le verbe *jouer* est à l'imparfait du subjonctif : vrai.

J'eusse préféré que nous fussions seuls pour jouer cette scène intime. Le verbe *préférer* est au conditionnel première forme : faux, au conditionnel passé deuxième forme.

3e test

Vous êtes fin prêt, action !

– *Ton père et moi, tu nous* feras *mourir de chagrin !*
– *Tant mieux ! Comme ça on ne retrouvera pas l'arme du crime !*

Mélodie en sous-sol

Augustin : En tout cas, ils peuvent me tuer, je ne parlerai *pas !*
Stanilas : Mais moi non plus ! Ils peuvent vous tuer, je ne parlerai *pas !*
Augustin : Je savais qu'on pouvait compter *sur vous.*

La Grande Vadrouille

Je ne sais pas si c'est maman qui avait raison ou si c'est le lieutenant Dan. Je ne sais pas si nous avons chacun un destin, ou si nous… si nous nous laissons porter *par le hasard comme sur une brise. Mais je crois que c'est un peu des deux… Peut-être un peu des deux* arrive *en même temps.*

Forrest Gump

Retour vers le futur IV (p. 15)

Réglage terminé, Doc !

Doc : *Tu vois, Marty, ma nouvelle version de la Delorean DMC-12* n'aura *rien à voir avec la précédente ; j'ai prévu d'augmenter la puissance du convecteur temporel à 4,5 gigawatts ! Nous* pourrons *faire nos allers-retours encore plus vite. Il n'y aura plus aucun danger d'être bloqué dans un intervalle du continuum temporel ! Nom de Zeus !*
Marty : *Super Doc, je* pourrai *donc retourner dans l'époque des parents de l'affreux Biff, et éviter qu'ils se rencontrent pour que Biff ne vienne pas au monde !*
Doc : *Non Marty, non, tu* auras *seulement la possibilité d'observer mais tu ne* changeras *rien, ce serait immoral, et il y aurait un risque de bouleversement des données du futur. N'y songe même pas ! Il faudra que tu respectes cette règle, sinon tu* créeras *des catastrophes dont tu n'as même pas idée !*
Marty : *D'accord Doc, mais j'espère que j'*aurai *quand même la possibilité de donner une petite leçon aux parents de ce monstre !*
Doc : *Nous verrons, mon petit Marty, mais tu devras garder ton sang-froid et toujours te rappeler que tu es le visiteur d'un temps qui n'est pas le tien et ne le sera jamais !*

L'écran imparfait (p. 15)

A R P A R I A I T A D A T A I T A
A U A V A I T A A I M A I T A E A
A E T M E R I T A I T I R Z A T A
A I V I D A I T U S A C E U S L A
A R T O R I A I T B S A I F X L E A

Menteur, menteur (p. 16)

Vous êtes venus voir mon film, c'est formidable ! Voix active
Vous êtes captivés par mon talent, non ? Voix passive
Nous nous sommes déjà rencontrés dans un autre film. Voix pronominale
Mon dernier film a été bien reçu. Voix passive
Je suis aimé. Voix passive
C'est mon scénariste préféré qui a écrit mon rôle. Voix active
Je ne me regarde jamais dans un miroir. Voix pronominale
Le public me regarde toujours plus et m'apprécie. Voix active

Les Tontons flingueurs (p. 16)

Je correctionne.

Le passé simple (p. 16)

Sans passé simple : *absoudre, dissoudre, clore, paître, ouïr, extraire, distraire*

Avec passé simple : *résoudre, clôturer, paraître*

La nouvelle vague ? (p. 16)

Le texte a été rafraîchi !
(…) *Il* est *remarquable* (…) *tous* fait *longtemps* (…) *ne* suffisait *pas* (…) *les* distinguât (…) *Il* est *remarquable* (…) *sont* venus (…) *se* refile *une* (…) gagne *plus* (…) *sont* révélés (…)

Dr Jekyll et Mr Hyde (p. 17)

Le 1er groupe dit vrai : *communiquant, convainquant et fatiguant* sont des participes présents.

Le 2e groupe ment : *intriguant* est un participe présent ! *Provocant* et *suffocant* sont bien des adjectifs verbaux.

Le projet Verbe kitsch ! (p. 17)

Ouf ! Les fautes ont disparu !
(…) laissâmes *notre* (…) *le* rendaient (…) *avait* rassemblé (…) *avions* opté (…) *bien* dessiné (…) emprunté *et* partait (…) *avions* estimé (…) *cela* faisait (…) *nous* marchions (…) *s'était* installé (…) *nous* amenait (…) interpellait (…) *l'autre* comprît (…) donnât *le signal* (…) *eussions* retenu (…) *nous avait* donnés (…) *ne* prit (…) *nous* courions (…)

Le temps retrouvé (p. 17)

1 : vrai - 2 : vrai - 3 : vrai - 4 : vrai - 5 : faux, il s'agit du verbe *mouvoir* - 6 : vrai - 7 : vrai - 8 : vrai - 9 : vrai
10 : faux, ce verbe n'a pas de passé simple - 11 : faux, il s'agit du verbe *moudre* - 12 : faux, il s'agit du présent du verbe *vivre*.

La visite d'un chantier extraordinaire

Parcours sur le terrain vague à fautes (p. 18)

Il s'en est accaparé. Faux. Dites : *il l'a accaparé.* • *De manière que.* Juste. • *Je m'en suis allé.* Juste. • *Il est furieux après vous.* Faux. Dites : *il est furieux contre vous.* • *Cette nouvelle s'est avérée fausse.* Faux. *Dites : cette nouvelle s'est révélée fausse.* • *Ces cravates coûtent 15 euros chacune.* Juste. • *Une affaire conséquente.* Faux. Dites : *une affaire importante.* • *Faire des coupes sombres.* Faux. Dites : *faire des coupes claires.* • *D'ici à demain.* Juste. • *Aller à vélo.* Juste. • *Il est fâché avec elle.* Faux. Dites : *il est fâché contre elle.* • *Être extrêmement habile.* Juste. • *Ce n'est pas de sa faute.* Faux. Dites : *ce n'est pas sa faute.* • *Un espèce de fou.* Faux. Dites : *une espèce de fou.* • *100 kilomètres-heure.* Faux. Dites : *100 kilomètres à l'heure.* • *Vous n'êtes pas sans ignorer.* Faux. Dites : *vous n'êtes pas sans savoir.* • *Pallier à un inconvénient.* Faux. Dites : *pallier un inconvénient.* • *Pardonner quelqu'un.* Faux. Dites : *pardonner à quelqu'un.* • *Regarder fixement quelqu'un.* Juste. • *Une inclination de tête.* Juste. • *Un vêtement infecté de puces.* Faux. Dites : *un vêtement infesté de puces.* • *Jouir d'une mauvaise santé.* Faux. Dites : *avoir une mauvaise santé.* • *Les risques sont réduits au minimum.* Juste. • *Vers midi et demie.* Faux. Écrivez : *vers midi et demi.* • *Le milieu ambiant.* Faux. Dites : *le milieu.* • *Il lui fit observer que.* Juste. • *Prendre quelqu'un à partie.* Juste. • *Une rue passagère.* Faux. Dites : *une rue passante.* • *Je vous promets qu'il est là.* Faux. Dites : *je vous assure qu'il est là.* • *Ce magasin a rouvert.* Juste. • *J'arrive de suite.* Faux. Dites : *j'arrive tout de suite.* • *Je l'ai acheté tel quel.* Juste. • *Vitupérer quelqu'un.* Juste.

Juste une mise au point (p. 18)

Il y avait onze points à replacer.

Le combat fut mémorable. D'un côté le célèbre Point Bill, le boxeur aux quarante victoires avant la limite ; de l'autre, l'affreux Joe Virgule connu pour ses coups bas. Dans la salle enfumée, l'atmosphère était électrique, car les deux combattants avaient leurs partisans qui se manifestaient bruyamment. À leur arrivée sur le ring, une clameur monta, enfla et recouvrit la présentation que le speaker hurlait dans le micro. Les deux adversaires s'approchèrent l'un de l'autre, comme deux fauves prêts à bondir, juste séparés par l'arbitre, un petit homme frêle et tout de blanc vêtu, qui ressemblait à un archange livré aux lions. Ils se toisèrent longuement et échangèrent des regards chargés comme des bombes au plutonium. Au premier coup de gong, les deux brutes se ruèrent l'une sur l'autre et l'échange de points de vue commença. On peut dire que durant cet affrontement l'humanité fut mise entre parenthèses, tant les crochets pleuvaient. Aucune interrogation ou exclamation ne venait freiner l'ardeur des deux féroces. Point de répit, point de suspension, le duel fut acharné, jusqu'au bout. Aucun ne céda et c'est ensanglantés que les deux boxeurs exténués, presque absents, comme entre guillemets, entendirent la décision des arbitres. Point Bill l'emporta de deux points et déclara à la presse : c'était juste une mise au point !

Qui veut trouver des fautes ? (p. 19)

« Agir en parfait accord avec quelqu'un » se dit :
Réponse A : *agir de concert*

Un trio qui fait envie (p. 19)

– *Moi je fais ce que j'ai envie.* Peut-être, mais ce n'est pas une bonne formulation.

Port Brouillard (p. 19)

Le brouillard s'est dissipé, les fautes apparaissent ! Nous les avons isolées entre les parenthèses !

(...) avancent *(avance) (...)* parsemée *(parsemé) (...)* bateau *(bâteau) (...)* déhalé *(déhaler) (...)* proue *(prou) (...)*

Où est passée la ponctuation du Bourgeois gentilhomme ? (p. 19)

Par ma foi ! il y a plus de quarante ans que je dis de la prose sans que j'en susse rien, et je vous suis le plus obligé du monde de m'avoir appris cela. Je voudrais donc mettre dans un billet : Belle Marquise, vos beaux yeux me font mourir d'amour ; *mais je voudrais que cela fût mis d'une manière galante, que cela fût tourné gentiment.*

Reflet déformant (p. 20)

(...) au sommet *(...) une* escalade *(...)* L'envolée *du (...) deux* chocs *(...)* Le marathon *agricole (...) cette* bavure *(...) le* gel *(...)*

Première page du roman noir *Coup de fatigue* (p. 20)

Une bonne nuit de sommeil, et le texte a retrouvé ses sens !
*(...) jour de l'*armistice *(l'amnistie) (...) de* luxe *(lustre) (...) trois heures d'*affilée *(d'effilée) (...) d'*étancher *(d'épancher) (...) il prit* immédiatement *(derechef) (...) en faisant* irruption *(éruption) (...) une* prédilection *(prédiction) (...) le* dénouement *(dénuement) était* imminent *(éminent) (...) ses* gardes *(bardes) (...) au premier* abord *(d'abord) (...) en* conjectures *(conjoncture) (...) la* suggestion *(sujétion) (...) qu'une* assertion *(insertion) (...) une* illusion *(allusion) (...) une* décennie *(décade) (...)*

Sur la toile en folie (p. 21)

La toile retrouve son bon sens. A. appartenant. B. dit-on

La formule du président Obama : *Je reste* déterminé*...*

Une publicité : Arrêtez *de chercher...*

Le journal de France 2 à 20 heures : *Les* hivers *les plus froids*

Une assurance : Assurance *dépendance*

Dans un magazine de sciences : *Une biographie de l'*équation

Une agence de voyages : Tous *les jours du 05/01/09 au 15/05/09*

Une agence d'intérim : *Technicien qualité* aéronautique (H/F)

Un groupe qui consulte : *Avec* près *de 350 consultants...*

Un site qui incite : *Recopiez les quatre caractères dans le* champ *texte.*

Annonce de reprise : *C'est Paul Enksi qui reprendra les* rênes *de la société.*

Une entreprise qui répond à une candidature : (...) Malheureusement, *nous avons préféré* opter *pour un profil autre que le* vôtre. *(...) je conserve votre curriculum vitae au cas où un poste se* libérerait *dans notre équipe.*

Une publicité : *ces* aiguillettes *de poulet cuisinées aux tomates et olives.*

L'interview du sportif bouleversé (p. 22)

Notre sportif a retrouvé son aisance :
(...) nous étions convenus *(avions convenu) (...)* ce n'était pas facile *(c'était pas évident) (...)* un spectacle émouvant *(un spectacle émotionnant) (...)* dans laquelle *(dans lequel) (...)* si de rien n'était *(si rien n'était) (...)* dans le journal *(sur le journal) (...)*

« Inspecteur l'imposture » (p. 22)

L'enquête a été menée à bien ; voici le résultat :
1. a butté. – 2. son fonds. – 3. censé. – 4. détonent. – 5. différend. – 6. les bans. – 7. postiches. – 8. la satire. – 9. martyr. – 10. acquis. – 11. tâche. – 12. Quant à.

Le parc à fautes

Visitez la cabine à Néo (p. 23)

1re salle : apparaissent dans les dictionnaires *écomusée, confortique, filoguidé, tapuscrit.* Quant à *latéritiser*, il n'existe pas encore !

2e salle : le rangement est terminé !

blockbuster ▸ *grosse machine*
call television ▸ *télé-tirelire*
co-branding ▸ *coparrainage*
featurette ▸ *sujet court*
home entertainment ▸ *technoloisir*
lay-out ▸ *maquette*
story-board ▸ *scénarimage*

Ces termes ont été introduits par le *Journal officiel* du 15 septembre 2006.

La maison des intrus : (p. 23)

Derby, hobby, penalty, rugby sont d'origine anglaise ; les autres mots sont d'origine grecque.

Chapeau bas ! (p. 23)

Tous ces mots doivent ôter leur chapeau : *aine – boiteux – brèche – chapitre – cotre – crépu – dégainer – drolatique – emblème – futaie – goitre – pitre – racler – ratisser.*

Coup de vent sur les accents ! (p. 24)

Ouf ! Chacun a retrouvé son accent !

allègre / allégrement – *ascète / ascétique* – *bête / bétail* – *câble / encablure* – *diplôme / diplomatique* – *fièvre / fiévreux* – *grâce / gracieux* – *hygiène / hygiénique* – *obèse / obésité* – *pôle / polaire* – *règle / réglage* – *synthèse / synthétique* – *tempête / tempétueux*

Le cabinet des curiosités (p. 24)

Voici les étiquettes à conserver :

Barbarine : race de moutons à grosse queue importée d'Afrique du Nord.
Camail : se dit des plumes qui couvrent le cou et le dos du coq.
Clapir : crier en parlant du lapin.
Doloire : sorte de hache utilisée par les tonneliers.
Exondation : retrait des eaux d'une terre inondée.
Flabellation : action d'éventer une partie du corps pour la rafraîchir.
Imbrifuge : qui préserve de la pluie.
Mimeux : se dit des plantes qui se contractent quand on les touche.
Parmélie : genre de lichen qui pousse sur les arbres et les rochers.
Récidibou : citerne dans une savonnerie.

Jouez (à plusieurs) au Yoyo des racines (p. 24)

aéro- (gr.) ; *agro-* (lat.) ; *aqu-* (lat.) ; *astro-* (gr.) ; *auto-* (gr.) ; *bio-* (gr.) ; *carni-* (lat.) ; *démo-* (gr.) ; *équi-* (lat.) ; *héli-* (gr.) ; *lacto-* (lat.) ; *litho-* (gr.) ; *naute* (gr.) ; *nécro-* (gr.) ; *nyct-* (gr.) ; *oléo-* (lat.) ; *omni-* (lat.) ; *ortho-* (gr.) ; *ovo-* (lat.) ; *pédi-* (lat.) ; *phago-* (gr.) ; *phobe* (gr.) ; *pisci-* (lat.) ; *pyro-* (gr.) ; *vore* (lat.)

La maison du Conseil… (p. 25)

Le Conseil dit oui pour :
boutentrain – évènement – gageüre – harakiri – imbécilité – interpeler – millepatte – nénufar – ognon – piquenique – règlementaire – révolver – tohubohu – vanupied –vadémécum

Jeu de mémoire (p. 26)

Les quatre tours à la mémoire sont : *bauvière – lentilaire – magrure – quipale*.

Un jeu peut en cacher un autre ! Vous donnez les définitions d'une série sans les mots auxquels elles renvoient. Le joueur doit les attribuer correctement.

1re série : 1. *Adret* : versant d'une vallée exposé au soleil. – 2. *Bouvril* : lieu d'un abattoir où l'on parque les bœufs. – 3. *Caracul* : agneau qui fournit la fourrure d'astrakan. – 4. *Chimoine* : stuc imitant le marbre. – 5. *Délot* : doigtier de calfat. – 6. *Écouer* : couper la queue d'un animal.

2e série : 1. *Espatard* : machine pour couper les barres de fer. – 2. *Fayard* : un des noms du hêtre. – 3. *Friquet* : moineau de petite taille. – 4. *Heurette* : la demi-heure que sonnent les pendules. – 5. *Insculper* : graver avec un poinçon. – 6. *Isatis* : renard bleu.

3e série : 1. *Jaquier* : arbre à pain. – 2. *Licet* : permission. – 3. *Magnan* : ver à soie. – 4. *Merl* : sable marin. – 5. *Monodie* : chant à une seule voix.– 6. *Muride* : ancien nom du brome.

4e série : 1. *Nolonté* : volonté contraire. – 2. *Ourdri* : taché de moisissure. – 3. *Portrion* : vanne d'une écluse. – 4. *Rhinolophe* : genre de chauve-souris. – 5. *Sigillographie* : étude archéologique des sceaux. – 6. *Ulmeau* : orme commun.

Un quotidien pas ordinaire ! (p. 26)

À la une !

La rencontre (…) s'est achevée dans une atmosphère glaciale.
Face à l'indifférence générale, les journées impaires du mois de janvier seront probablement supprimées…

Page société

Dans le quartier de l'Orange (…) après les vifs affrontements entre agrumes rivaux…
Les découvertes récentes sur la molécule du bonheur laisse augurer…
Les transports amoureux (…) après les violents orages qui se sont abattus…

Petites annonces

Je vends un char d'assaut…
Occasion à saisir (…) sous d'autres latitudes.
Le chat retrouvé dans la gorge de Monsieur C. attend ses propriétaires au refuge de la SPA.

Échangerai *embruns de 2005 contre écume récente.*
Bateau *à voile cherche vent de force 4 pour la saison à venir.*

Bulletin météo

En raison de fortes pluies (...), les règlements *des factures...*
Une manifestation anticyclonique a brutalement dégénéré *hier soir...*
Le congrès de psychanalyse a réaffirmé dans sa motion finale...

Page sport

L'entraîneur victorieux a déclaré avec beaucoup d'à propos...
Les boxeurs ont échangé leurs points *de vue à l'issue d'un combat houleux.*
La descente de bobsleigh (...) une chasse au dahu. *(...) l'équipe jamaïcaine a exprimé sa joie (...), bien qu'elle* n'ait *aucune expérience en la matière.*

La faute exprès/express (p. 27)

La symphonie que j'ai entendu *jouer par cet orchestre est sublime.*

Vous avez entendu quoi ? – *jouer* ; jouer quoi ? – la symphonie ; le complément d'objet direct *jouer* est placé après le participe passé *entendu* : il n'y a donc pas d'accord.

Voyage au cœur de l'Académie (p. 27)

Voici les dix élus ! (source : Conseil supérieur de la langue française ; rapport publié au *Journal officiel* du 6 décembre 1990) :

boutentrain	*chaussetrappe*	*fourretout*	*tirebouchon*	*chauvesouris*
brisetout	*croquemadame*	*passepartout*	*vanupied*	*potpourri*

Coup de vent sur la langue du capitaine (p. 27)

*Le vent d'*ouest : pas de majuscule à *ouest.*

Le vieux capitaine aurait dû se rappeler que dans *Montparnasse-*Bienvenüe, il y a un tréma sur *Bienvenüe*, nom du constructeur de la gare !

Le *garde-manger* est un nom composé qui garde aussi son tiret.

Les tabliers des bouchers étaient tout rougis *de sang :* ce sont les tabliers qui sont rougis !

Les forts des Halles *:* les *Halles* gardent leur majuscule, même après deux utilisations dans le même texte !

Des goulées *:* les *goulées* n'ont pas d'accent circonflexe.

Vous pouvez le dire ? (p. 28)

1. *Naguère les voyages en train n'existaient pas, on n'avait que le train-train quotidien.*
Non, vous ne pouvez pas le dire : il aurait fallu employer *jadis* qui renvoie à un passé lointain ; *naguère* suggère un passé récent.

2. *Il n'est pas prudent lorsque l'on est ukrainien de jouer à la roulette russe avec un pistolet.*
Non, vous ne pouvez pas le dire : le pistolet n'a pas de barillet, éventuellement un chargeur ; pour ce « jeu » il aurait fallu utiliser un revolver qui possède un barillet.

3. *En faisant tourner la mappemonde sur son axe, il a pointé du doigt le pays de l'Eldorado.*
Non, vous ne pouvez pas le dire : une mappemonde est une carte qui représente sur une surface plane les deux hémisphères ; en revanche, on peut faire tourner un globe terrestre.

4. *Cet homme est un vrai ours, il hiberne toute l'année.*
Non, vous ne pouvez pas le dire : c'est l'animal, l'ours qui hiberne (comme la marmotte !) ; quant à l'homme, même si c'est un ours mal léché, *il hiverne.*

5. *L'amnésique a oublié de commémorer le souvenir de sa perte de mémoire.*
Non, vous ne pouvez pas le dire : commémorer signifie « se rappeler quelque chose », un souvenir par exemple ; donc, il faut éviter le pléonasme !

6. *Depuis que ce gardien a encaissé un but malheureux, il est en but aux sarcasmes des supporters.*
Non, vous ne pouvez pas le dire : d'accord pour le but qu'il aurait pu éviter, mais pour les sarcasmes, le terme approprié est *butte*, de la butte de terre sur laquelle on installait la cible à viser (voir l'expression de *butte en blanc*).

Le grand théâtre

Mise en bouche (p. 29)

Gardez votre souffle uniquement pour le *s* final dans :
alias – as – atlas – bolas – damas – douglas – gigondas – juliénas – pancréas – paterfamilias – Plexiglas – sas

Gardez votre souffle uniquement pour le *il* final dans :
baril – chenil – civil – exil – grésil – morfil – pistil – puéril – quintil – subtil – surfil – toril – vil – volatil

Un mot peut en cacher un autre (p. 29)

A. *attelle* D. *baume* G. *aquilin*
B. *lest* E. *mors* H. *plain-pied*
C. *cabillaud* F. *plaide*

La chaussure de Cendrillon (p. 29)

Vous avez le choix : dans le texte original de Charles Perrault, *Cendrillon* (1697), il est question d'une pantoufle de verre ; au XIXe siècle Balzac a trouvé qu'il était plus logique de fabriquer ce soulier avec la fourrure d'un petit animal, le vair !

T'es où ? (p. 29)

La communication est rétablie ! Mille excuses à Marcel…

Et dès *que* j'eus *reconnu le goût du* morceau *de* madeleine *trempé dans le tilleul que me donnait* ma tante *(quoique je ne* susse *pas encore et dusse remettre à bien plus* tard *de découvrir pourquoi ce souvenir me rendait si heureux),* aussitôt *la vieille maison grise sur la rue, où était sa chambre,* vint *comme un* décor *de théâtre s'appliquer au petit pavillon donnant sur le* jardin, *qu'on avait construit pour mes parents (…).*

Les grosses fautes sont muettes mais pas invisibles ! (p. 30)

1) Pêcheur : personne qui pratique la pêche.
Pêcher : chercher à prendre du poisson dans l'eau.
Pêcher : arbre fruitier qui donne des pêches.
Pécheur : personne qui ne respecte pas les lois religieuses.
Péché : acte par lequel une personne transgresse sa religion.

Au bord d'une rivière, un pêcheur pêchait à l'ombre d'un pêcher ; le pêcher empêchait le pêcheur de pêcher. Le pêcheur coupa le pêcher, si bien que le pêcher n'empêcha plus le pêcheur de pêcher. Mais couper un pêcher pour pêcher, c'est un péché. *C'est ainsi qu'un pêcheur devint* pécheur.

2) *Si six cents scies scient six cents cigares, six* cent *six scies scieront six* cent *six cigares.*
3) *Je* crois *(présent de l'indicatif) que je* voie *(présent du subjonctif) trois fois trois foies d'oie.*
4) *Seize* jacinthes *sèchent dans seize sachets secs.*
5) *Pourquoi les alliés ne se* désolidariseraient-ils *pas ?*
6) *Six chats sis sur six murs pistent six souris qui sous six lits* sourient *sans souci des six chats qui les pistent.*

Un son, deux sens, des fautes ! (p. 30)

Les jeux de mots *laids sont pour les gens bêtes.*
Les jeux de mollets *sont pour les jambettes.*

Viens dans mon sein doux pour y goûter *la vie d'ange.*
Viens dans mon saindoux *pourri,* goûter *la vidange.*

Le père (p. 30)

Ô rage ! ô désespoir ! ô vieillesse ennemie !
N'ai-je donc tant vécu que pour cette infamie ?
Et ne suis-je blanchi dans les travaux guerriers
Que pour voir en un jour flétrir tant de lauriers ?
Mon bras qu'avec respect toute l'Espagne admire,
Mon bras, qui tant de fois a sauvé cet empire,
Tant de fois affermi le trône de son roi,
Trahit donc ma querelle, et ne fait rien pour moi ?

Corneille, *Le Cid*, acte I, scène IV.

Souffler n'est pas jouer (p. 31)

Cyrano

Ah ! non ! c'est un peu court, jeune homme !
On pouvait dire…Oh ! Dieu !… bien des choses en somme…
En variant le ton, – par exemple, tenez :
Agressif : « Moi, monsieur, si j'avais un tel nez,
Il faudrait sur-le-champ que je me l'amputasse ! »
Amical : « Mais il doit tremper dans votre tasse !
Pour boire, faites-vous fabriquer un hanap ! »
Descriptif : « C'est un roc !… c'est un pic !… c'est un cap !
Que dis-je, c'est un cap ?… C'est une péninsule ! »
Curieux : « De quoi sert cette oblongue capsule ?
D'écritoire, monsieur, ou de boîte à ciseaux ? »
Gracieux : « Aimez-vous à ce point les oiseaux
Que paternellement vous vous préoccupâtes
De tendre ce perchoir à leurs petites pattes ? »
Truculent : « Ça, monsieur, lorsque vous pétunez,
La vapeur du tabac vous sort-elle du nez
Sans qu'un voisin ne crie au feu de cheminée ? »

Edmond Rostand, *Cyrano de Bergerac*, acte I, scène IV.

Quand on arrive en ville... (p. 5)

Prononcez-vous sur la prononciation !

Agen	1) a-gein
Auxerre	2) Au-ss-erre
Aubenas	2) Au-be-na
Bourg-en-Bresse	2) Bourk-en-Bresse
Cassis	1) Ca-ssi
Chamonix	2) Cha-mo-ni
Bruxelles	2) Bru-ss-elles
Gérardmer	1) Gé-rar-mé
Privas	2) Pri-va
Pont-Aven	2) Pont-A-vène
Rosporden	1) Ros-por-dein

Une série X (p. 32)

Dans cette série le *x* en finale ne se prononce pas, sauf dans *furax*, *index* et *latex*.

Le kaléidoscope aux trémas (p. 32)

Pour le sens de ces phrases, cela reste relève toujours de l'effet kaléidoscopique, mais pour les trémas tout est maintenant en place.

1. *Socrate a bu toute* l'ambiguïté.
2. *La* baïonnette aiguë *pique autant que la ciguë.*
3. *La* coïncidence *est perdue au fond du* capharnaüm.
4. *La pièce exiguë est contiguë d'un espace* inouï.

Le texte de Victor Hugo (p. 32)

À admirer...

Demain, dès l'aube, à l'heure où blanchit la campagne,
Je partirai. Vois-tu, je sais que tu m'attends.
J'irai par la forêt, j'irai par la montagne.
Je ne puis demeurer loin de toi plus longtemps.

Je marcherai les yeux fixés sur mes pensées,
Sans rien voir au-dehors, sans entendre aucun bruit,
Seul, inconnu, le dos courbé, les mains croisées,
Triste, et le jour pour moi sera comme la nuit.

Victor Hugo, *Les Contemplations.*

Mange tes haricots (p. 33)

Dans ces mots le *h* initial est muet, on peut donc faire la liaison : *habitation – heure – héliotrope – herbe – hiatus – hier – horoscope – hôtel – hyacinthe – hymne.*

Dans ces mots, le *h* initial est aspiré, on ne fait pas la liaison : *hameau – hareng – hasard –hère – hibou – hiéroglyphe – houblon – houppe – huis clos – hutte.*

La langue se délie (p. 33)

Vous faites la liaison dans : *les yeux – les ouies – un savant Allemand* (une personne de nationalité allemande qui est savante) – *dix-huit – deux cents euros.*
Vous ne faites pas la liaison dans : *riz au lait – mort ou vif – les huit enfants – un bon à rien – les yaourts – un oui – un savant allemand* (une personne d'un corps scientifique de nationalité allemande).

Les liaisons dangereuses (p. 33)

Il y a dix liaisons possibles.
C'est pourtant pour ce bel_objet que vous refusez de m'obéir, que vous vous_enterrez dans le tombeau de votre tante, et que vous renoncez_à l'aventure la plus délicieuse et la plus faite pour vous faire_honneur. Par quelle fatalité faut_il donc que Gercourt garde toujours quelque_avantage sur vous ? Tenez, je vous_en parle sans_humeur : mais, dans ce moment, je suis tentée de croire que vous ne méritez pas votre réputation ; je suis tentée surtout de vous retirer ma confiance. Je ne m'accoutumerai jamais_à dire mes secrets_à l'amant de Mme de Tourvel.

Laclos, *Les Liaisons dangereuses.*

Juste ciel ? (p. 34)

La série *-ciel : actanciel – circonstanciel – didacticiel – indiciel.*
La série *-tiel : concurrentiel – confidentiel – démentiel – différentiel – exponentiel – pestilentiel – potentiel – présidentiel – interstitiel – substantiel.*

L'heure de la récitation (p. 35)

Maître Jean aurait apprécié neuf liaisons.

Le Corbeau et le Renard

Maître corbeau, sur_un arbre perché,
Tenait_en son bec un fromage.
Maître renard, par l'odeur alléché,
Lui tint_à peu près ce langage :
« Hé ! bonjour Monsieur du Corbeau,
Que vous_êtes joli ! que vous me semblez beau !
Sans mentir, si votre ramage
Se rapporte à votre plumage,
Vous_êtes le phénix des_hôtes de ces bois. »
À ces mots le corbeau ne se sent pas de joie ;
Et pour montrer sa belle voix,
Il ouvre un large bec, laisse tomber sa proie.
Le renard s'en saisit et dit : « Mon bon Monsieur,
Apprenez que tout flatteur
Vit_aux dépens de celui qui l'écoute :
Cette leçon vaut bien_un fromage sans doute. »
Le corbeau, honteux et confus,
Jura, mais_un peu tard, qu'on ne l'y prendrait plus.

Jean de La Fontaine.

Muet ou aspiré ? (p. 35)

Combien de *h* muets et de *h* aspirés ?

1. *un hors-piste.* Aspiré
2. *des haltères.* Muet
3. *trop de hamac.* Aspiré
4. *ce jeune hareng.* Aspiré
5. *fumer un havane.* Aspiré (mais nuit à la santé !)
6. *des hobbys.* Aspiré
7. *une horloge comtoise.* Muet
8. *les organisations humanitaires.* Muet
9. *un huit de trèfle.* Aspiré
10. *le vingt-huit février.* Muet

Au Bonheur des fautes

Rayon antiquités (p. 36)

Vous avez retrouvé votre latin !

1. *La fécondation in vitro a fait des progrès considérables.*
2. *Il faudra lire in extenso le mode d'emploi.*
3. *Les secours sont arrivés in extremis.*
4. *Les manifestants ont été repoussés manu militari.*
5. *Le travail est la condition sine qua non pour réussir.*
6. *Pour régler ce conflit, il faudra réunir la commission ad hoc.*
7. *Les musiciens ont joué toute la soirée ad libitum.*
8. *Il a les qualités grosso modo pour réussir cet exploit.*
9. *En matière de gastronomie, ce restaurant propose le nec plus ultra.*
10. *Ses propos outrageants constituent un véritable casus belli.*

Rayon curiosités (p. 36)

Premier rayon : c'est vrai, ceux-là sont curieux mais ils existent !
bézoard : concrétion pierreuse qui se forme dans l'estomac de certains animaux. (Jadis, il servait d'antidote aux poisons.)
cacographie : orthographe vicieuse.
dandinette : leurre muni d'hameçons.
formi : nom d'une maladie qui affecte le bec des oiseaux de proie.
fraser : action de briser la pâte en la pétrissant.
hère : jeune cerf.
liquidambar : genre d'arbre résineux produisant des baumes.
messier : garde champêtre commis à la surveillance des vergers et des récoltes.
mordication : picotement.
oliban : gomme-résine.
rohart : ivoire de morse, d'hippopotame.
sétacé : qui ressemble à une soie de cochon.
tupinet : nom vulgaire de la mésange à longue queue.
Les intrus : *bétunoire – chardonucle – émencation – isocaphe – numulose.*
Deuxième rayon : ceux-là aussi sont étranges mais vous pouvez les rencontrer !
abrouti : se dit d'un bois dont les pousses ont été broutées par des animaux.
caton : tringle en fer.
féer : douer de propriétés magiques.
goureur : celui qui falsifie un produit.
lupuline : alcaloïde extrait du lupulin, utilisé pour donner l'amertume à la bière.
molard : amas de terre en forme de môle.
palotage : action de fouiller le sable avec le palot.
picole : pioche qui sert à déchausser les vignes dans les sols pierreux.
rebéquer (se) : répondre vivement.
suites : les testicules du sanglier.
Les imposteurs : *ducasette – guéritoire – rapature.*

Expressions soldées ou contrefaçons (p. 37)

A. Voici les originales !

Chercher une aiguille dans une meule de foin.
Ce n'est pas du luxe.
Ne pas courir deux lièvres à la fois.
Il n'est pas à prendre avec des pincettes.
Il n'est pas sorti de la cuisse de Jupiter.
Il est fier comme Artaban.

B. Vous avez choisi tomber dans le panneau :

Être en rupture de ban : ce ban n'a rien en commun avec le banc sur lequel on s'assoit ; du francique *ban*, il désigne à l'époque féodale la convocation des nobles par leur suzerain ; *mettre au ban* équivaut à bannir quelqu'un d'un groupe, de la société, *être en rupture de ban* désigne un affranchissement de codes, de règles, d'un état, que l'on respectait jusqu'alors.

Fier comme un pou : rien à voir avec l'insecte parasite ; en fait, il s'agit du pou, du latin *pullus*, « jeune coq », qui a donné *poul* et *pou* en ancien français. On connaît les caractéristiques d'arrogance et de suffisance prêtées au coq dans sa basse-cour pour comprendre l'expression.

Coincer la bulle : la recherche de l'horizontalité est à l'origine de cette expression ; elle désigne l'activité des militaires vérifiant à l'aide d'un niveau à bulle la bonne assise des mortiers ou des canons. Le travail accompli, on pouvait se reposer !

Pleurer comme une Madeleine : la Madeleine de la comparaison est Marie-Madeleine, ancienne prostituée devenue disciple du Christ après lui avoir confessé en pleurs toutes ses fautes.

Tomber dans le panneau : il vaut mieux éviter de *tomber dans le panneau*, car ce panneau, du latin *pannus*, « pan », est un véritable piège ! En effet, c'est une toile ou un filet utilisé à la chasse pour capturer le gibier.

Le rayon des pluriels (p. 37)

L'intrus est *banal*, mais original, car il accepte deux formes de pluriel : *banals* pour caractériser des faits sans originalité et *banaux* pour qualifier ce qui appartenaient à un ban, territoire d'un seigneur (*des fours, des moulins banaux*).

Le rayon bon chic, bon genre (p. 38)

Ouf ! Voilà l'ordre est revenu, mais quel travail !

Les mots féminins : *abside, acoustique, alcôve, alluvion, amibe, ancre, anicroche, argile, arrhes, avant-scène ; ébène, ecchymose, échappatoire, écrevisse, égide, encaustique, enzyme, éphéméride, épithète, équivoque.*

Les mots masculins : *abaque, acabit, adage, agrumes, alvéole, antidote, antre, apogée, aromate, astérisque ; effluve, éloge, en-tête, entracte, épiderme, équinoxe, esclandre, exode, extrême.*

Rabais sur le pléonasme... ou deux pour le prix d'un ! (p. 38)

Dans le lot de pléonasmes, vous avez seulement choisi ces quatre-là :

aujourd'hui, formé de deux éléments de même sens, *jour* et *hui* (du latin *hodie*, « aujourd'hui »)
le lendemain, où l'article est déjà dans le mot *l'endemain*
transférer au-delà, du latin *trans*, « au-delà », et *ferre*, « porter »
saupoudrer de sel, poudrer de *sau*, « sel »
s'immiscer dans, du latin *in*, « dans », et *miscere*, « mêler »

Rayon littérature (p. 39)

A. Seuls Apollinaire, Eluard, Molière et Voltaire avaient leur bonne identité. Ici chacun retrouve la sienne :

François-Marie Arouet ➧ Voltaire
Henri Beyle ➧ Stendhal
Marguerite de Crayencour ➧ Yourcenar
Louis Ferdinand Destouches ➧ Céline
Marguerite Donnadieu ➧ Duras
Isidore Ducasse ➧ Lautréamont
Eugène Grindel ➧ Paul Eluard
Wilhelm de Kostrowitzky ➧ Apollinaire
Louis Poirier ➧ Julien Gracq
Jean-Baptiste Poquelin ➧ Molière

B. Chacun retrouve son œuvre :

Colette ➧ *Sido*
Albert Camus ➧ *L'Étranger*
Jean-Paul Sartre ➧ *La Nausée*
Muriel Barbery ➧ *L'Élégance du hérisson*
J. M. G. Le Clézio ➧ *Ritournelle de la faim*
Marc Levy ➧ *Toutes ces choses qu'on ne s'est pas dites*
Katherine Pancol ➧ *Les Yeux jaunes des crocodiles*
Anna Gavalda ➧ *La Consolante*
Stieg Larsonn ➧ *La Fille qui rêvait d'un bidon d'essence et d'une allumette*
Thierry Cohen ➧ *J'aurais préféré vivre*
Jean-Louis Fournier ➧ *Où on va papa ?*
Fred Vargas ➧ *Un lieu incertainmette*

C. Chacun a retrouvé son temps !

XVIe : Rabelais – Ronsard – Du Bellay – Montaigne
XVIIe : Corneille – Molière – La Fontaine –Racine – La Bruyère
XVIIIe : Montesquieu – Voltaire – Diderot – Rousseau
XIXe : Hugo – Flaubert – Chateaubriand – Balzac – Rimbaud – Baudelaire
XXe : Sartre – Cocteau – Ionesco – Malraux – Prévert – Proust
XXIe : Gavalda – Millet – Le Clézio – Levy – Vargas – Pancol

Un objet de luxe (p. 40)

L'écrit des mouettes (il y a un jeu de mots sonore !)

ou l'histoire de deux mouettes en balade *à la pointe Sainte-Barbe près du Conquet*

Nous sommes des sœurs jumelles nées *sous le signe des* goémons. *Nous avons* toujours vécu *ici ; nous connaissons* l'endroit *comme notre poche.*

Tenez, par exemple ce phare à la sortie du port ; eh *bien nous avons parfaitement* connu *son gardien : on* pourrait *vous en* raconter *de bonnes sur lui.* Là, *le* bateau *jaune, à côté de la vedette de la SNSM, c'est un bateau* à fond *de verre pour voir les* fonds sous-marins. *Pour nous,* merci *bien, ce n'est pas* notre *tasse de thé.*

Bon, on cause, on cause, mais il faut qu'on y aille ; je te rappelle *que cette semaine nous* travaillons *devant le bar de* l'hôtel *de la* Pointe Sainte-Barbe.

– Dis *donc* sœurette, *tu sais qui j'ai* vu *dans ce bar l'autre jour ?*
– Non, mais tu vas *me le dire.*
– Dame oui, le gars *qui jouait le juge dans le feuilleton Les Cordier.*
– Ah oui, Bruno *Madinier.*
– Oui c'est *ça. Je* l'ai *vu comme je te* vois, *il joue dans un téléfilm qui se tourne dans le coin : une sombre histoire de* famille *dans une* île *des* parages.
– Bon, surveille *un peu ton virage au lieu de* bavarder *comme une* pipelette. *Il devrait* astiquer *leur plafond au bar ; c'était une bonne* idée *ces lames* cuivrées *mais il faut que ça brille, sinon c'est* moche. *C'est de l'entretien.* Tiens, *tu* as vu *? Le serveur, il* s'entête *à* mettre *sa cravate* bleue *avec des* pois jaunes. *Oh, mais il y a* déjà *du monde au restaurant ! Les gens* ont *l'air d'être dans un* aquarium. *Je ne* comprends *pas ce que dit la cliente qui rentre dans le bar !*
– Tu deviens sourde, frangine. Tu vas *de mal en* pis. *J'ai parfaitement* entendu *d'ici.*
– Et que disait-elle, *mademoiselle « je sais tout » ?*
– Elle disait : « Le chien est fatigué *! »*
– Oui, merci, mais tu n'as rien remarqué *d'autre ? Non ?*
– Eh *bien elle a un accent* portugais.
– Ah, mademoiselle fait sa savante, mais serre donc *ton virage !*
– Quand *même, ils ont une* sacrée vue *depuis le bar, les clients peuvent voir* passer tous *les* bateaux *dans le* goulet *et cette vue imprenable sur Béniguet !*
–Bon maintenant assez bavardé, *on nous regarde.* Allez *au boulot, programme « sortie du port » ; j'entame quelques* voltes *pendant que toi tu fais un* piqué. *On se retrouve* à *la hauteur de la* jetée *et on* revient *vers la* baie vitrée *; on leur* fait *un passage en formation puis un éclatement et une série de phases* planées. Aujourd'hui, *c'est toi qui* pousses *les cris ; j'ai* dû *prendre froid hier, je suis* enrouée.
– Toujours *des excuses.*
– On prend de l'âge, *ma* vieille. *Au fait ça fait combien de temps* qu'on *fait ce* boulot *?*
– Si je compte bien, cela fait au moins dix-huit *ans.*
– Déjà *! Tu sais que nous sommes des* pionnières *; on devrait avoir une* médaille *!*
– Si ma mémoire est bonne nous sommes les deux premières mouettes à *avoir été* embauchées *par un syndicat* d'initiative *pour faire de* l'animation *dans un port pendant la saison touristique.*
– Allez, *c'est parti, virage sur la gauche !*

Rayon petites maladresses (p. 41)

Cela va mieux en le disant :

1. Je vous assure qu'il est là.
2. La fonction de cet organe est vitale
3. Les enfants, nous sommes arrivés !
4. Mesdames et messieurs, bonjour !
5. Il s'est trompé mais ce n'est pas sa faute.

Corrections

La cabine des C (p. 41)

Un *c*, c'est mieux pour :
acabit – académie – acajou – acanthe – acolyte – acoquiner – acrimonie – acrostiche – acupuncture – oculaire

Deux *c*, c'est bien pour :
accaparer – accélération – acceptation – accidentel – accointance – accolade – accorder – accostage – accoutrer – accréditation – accroître – accumulation – occlusion – occurrence – succéder – succulent – succursale

Les petites dernières (p. 41)

Voici les fautives du fond de l'alphabet !

~~*wallabi*~~	*wallaby*	~~*whisigoth*~~	*wisigoth*
~~*xénophyle*~~	*xénophile*	~~*xéres*~~	*xérès*
~~*yachthing*~~	*yachting*	~~*yuca*~~	*yucca*
~~*zététhique*~~	*zététique*	~~*zhygomatique*~~	*zygomatique*

La toile (p. 41)

Les fautes ont été placées dans des chrysalides…

(…) havre (~~hâvre~~)(…) linteau (~~lintau~~) (…) garde-manger (~~gardes-manger~~) (…) *d'araignée* ont (~~a~~) *transformé* (…) règlement (~~réglement~~) *de comptes* (…) prêts (~~près~~) (…) tourner (~~tourné~~) (…) *les a* attendus (~~attendu~~) (…) *Vers* midi (~~les midis~~) (…) *l'a* serrée (~~serré~~) (…) *ce* moment-là (~~moment là~~) (…) *ils ont* vu (~~vus~~) (…) *même* contents (~~content~~) (…)

Qui êtes-vous ?

Portrait minute (p. 43)

1. Faux. Le mot *virgule* vient du latin *virgula*, « petit trait, accent ».
2. Faux. La virgule marque une pause dans la phrase sans que la voix baisse.
3. Faux. La virgule permet d'insérer des éléments explicatifs entre le sujet et le verbe : *Le roquefort, fleuron de la gastronomie française, a du mal à franchir l'Atlantique.*
4. Vrai. *Il me voit, il court, il se retourne et ne voit pas l'arbre qui ne l'esquive pas ! Aïe !*
5. Vrai. *Il mangeait énormément ; il voulait absolument ressembler à une sculpture de Botero !*
6. Vrai. *Il s'approcha de ma voiture et me dit avec la tendresse d'un pitbull enragé : « Et si vous descendiez de votre épave pour une petite mise au point ? »*
7. Vrai. *On entendait un bruit étrange : c'était la soucoupe des Martiens qui rentrait du supermarché.*
8. Vrai. *Aujourd'hui c'est la fin des petits pois. Demain, ce sera la fin des haricots.*
9. Vrai. *Pourquoi poser une telle question ?*
10. Vrai. *Quelle joie de vous revoir !*
11. Faux. *Trois petits points suffisent…*
12. Vrai. *Il a écrit : « L'éternité c'est long, surtout vers la fin. »*
13. Faux. Elles sont deux, donc *entre parenthèses*.
14. Vrai. *« Comment ça va ? – Pas très bien, mais il faut que j'y aille ! »*

Échographie (p. 43)

Résultats…

Sont masculins : *antre – colchique – décombres – exorde – ivoire – obélisque – opprobre – opuscule – pénates – termite.*

Sont féminins : *alluvion – câpre – clepsydre – dartre – éphéméride – épithète – immondices – orbite – patère – silicone.*

Images en couleur (p. 44)

Les vraies couleurs !

1. *La mer est bleue comme une carte bancaire.*
2. *Ces pacifistes portent des tenues* kaki.
3. *L'écureuil a craqué devant ses yeux* noisette.
4. *Ce grand monsieur fait partie de l'élite, c'est pourquoi il porte toujours des gants crème.*
5. *Ces dessins* sépia *représentaient de magnifiques séquoias.*
6. *C'est probablement parce qu'ils portent souvent des écharpes* moutarde *que le succès leur est monté à la tête.*
7. *Sa bouche vermeille trahit son grand âge.*
8. *Les robes isabelle se rencontrent souvent dans les écuries.*

9. *Katharine Hepburn n'avait pas les cheveux* auburn.
10. *Porter des complets marron n'est pas indiqué pour des avocats.*

Chanter avec Gavroche (p. 44)

Gavroche a des excuses ; ses parents, les Thénardier, l'ont abandonné, il vit dans la rue !
Il aurait dû chanter *C'est la faute* de *Voltaire… C'est la faute* de *Rousseau*, mais surtout éviter les balles qui vont le tuer sur la barricade !

La faute exprès/express (p. 45)

Soi-disant s'emploie en parlant des personnes ; un *soi-disant secret* équivaut à dire « un secret qui se dit secret », ce qui, vous en conviendrez, paraîtrait vraiment curieux. Ainsi, une chose inanimée ne pouvant parler, il vaut mieux dire *un prétendu secret.*

Maux de tête ? (p. 45)

Les bons mots et la grille…

	I	II	III	IV	V	VI	VII	VIII
1	C	O	L	L	E	G	E	█
2	R	U	█	A	R	E	C	S
3	E	T	█	█	R	█	U	T
4	M	A	C	R	E	U	S	E
5	E	R	R	E	U	R	█	L
6	█	D	E	C	R	E	T	E
7	M	E	T	I	S	S	E	S

Horizontalement
1. On y entre en sortant du primaire
2. Ce cours ne tient pas en classe ; pour faire de bons cachous
3. Il en rajoute toujours ; à l'endroit, c'est un début, à l'envers c'est un pronom familier
4. Vivante, elle peut faire coin-coin, dans l'assiette elle est cuite
5. C'est un acte de l'esprit qui n'a plus toute sa tête
6. L'homme de pouvoir le fait
7. Leur beauté naît de la rencontre

Verticalement
I. Elle peut sortir des grandes écoles ou d'un coup de fouet
II. Elle aussi peut faire coin-coin
III. Il est au bord de la combe
IV. Article ou clé ; est-ce que l'abeille la reconnaîtrait dans un tel désordre ?
V. Dans un jeu, elles peuvent être sept
VI. Nom ancien d'une grosse boule ; vieux animaux qui se trouvaient sur la précédente en VI
VII. Ils furent sonnants et trébuchants ; personnel ou d'équerre
VIII. Ces cippes portent souvent des inscriptions

Être ou ne pas être dans le journal (p. 46)

Voici les candidats recalés et leur bonne graphie. Pour être dans le Journal officiel, il leur faudra attendre encore !
alègement ➧*allègement – enpiètement* ➧*empiètement – lunétier* ➧*lunetier ou lunettier – masselote* ➧*masselotte – ronroner* ➧*ronronner*

La dictée de Prosper ! (p. 46)

Voici les treize fautes !

ambiguïté ➧un tréma sur ï
les effluves embaumés ➧*effluve* est un mot masculin
les cuisseaux de veau ➧eh oui !
les cuissots de chevreuil ➧eh oui !
paraître ➧un accent circonflexe sur le *î*
étaient censés ➧*la douairière et le marguillier*
avoir données ➧*les arrhes*, féminin pluriel
bâtis ➧un accent circonflexe sur le *â*
Quoi qu'il en soit ➧locution concessive en deux mots, signifiant « en tout état de cause »
s'est laissé entraîner ➧ *s'* est complément d'objet de l'infinitif, donc *laissé* ne s'accorde pas
furent brisés ➧*alvéole pulmonaire* est masculin
phtisie ➧ah, ce *h*
saint Martin ➧*saint oui*, mais avec une minuscule

Un défilé de modes (p. 47)

Premier défilé, collection automne-hiver

Les bons clichés au mode indicatif : *Je croyais – il avait trouvé – Il souhaite – sont – qui vivent – Tu penseras – nous avons eu tort – Vous doutiez – il fait*

Les mauvais clichés : *qu'un jour il vienne* (présent du subjonctif) – *que nous fussions* (imparfait du subjonctif) – *Il semblerait* (conditionnel présent) – *qu'il finît* (imparfait du subjonctif)

Deuxième défilé, printemps-été

Les bons clichés au mode subjonctif : *que l'été soit – un endroit qui ait – que ces touristes aillent – qu'il n'y ait*

Les mauvais clichés : *Je savais* (imparfait de l'indicatif) – *le printemps ne viendrait pas* (conditionnel présent) – *Nous exigerons* (futur simple de l'indicatif) – *Ces touristes cherchent* (présent de l'indicatif) – *Nous avons insisté* (passé composé de l'indicatif) – *Le mois d'août viendra* (futur simple de l'indicatif)

Parler sans ponctuer ? (p. 47)

Deux virgules, deux points d'exclamation, deux points d'interrogation et quatre points. C'est tout !

Bérenger. – *Je suis étonné de vous entendre dire cela, mon cher Jean ! Perdez-vous la tête ? Enfin, aimeriez-vous être rhinocéros ?*

Jean.– *Pourquoi pas ! Je n'ai pas vos préjugés.*

Bérenger. – *Parlez plus distinctement. Je ne comprends pas. Vous articulez mal.*

Ionesco, *Rhinocéros*.

Faire bonne figure ! (p. 48)

Tout le monde est prêt pour la photo de famille !

Anacoluthe ➧rupture de construction syntaxique

Le nez de Cléopâtre : s'il eût été plus court, toute la face du monde aurait changé.

Pascal, *Pensées*.

Anaphore ➧Répétition d'un même mot ou groupe de mots en tête de phrases

Rome, l'unique objet de mon ressentiment !
Rome, à qui vient ton bras d'immoler mon amant !
Rome qui t'a vu naître, et que ton cœur adore !

Corneille, *Horace*.

Ellipse ➧suppression de plusieurs mots qui n'empêche pas le sens

J'ai reçu un télégramme de l'asile : « Mère décédée. Enterrement demain. Sentiments distingués. »

Albert Camus, *L'Étranger*.

Oxymore ➧association de mots antithétiques

Ma seule étoile est morte, et mon luth constellé
Porte le soleil noir de la Mélancolie.

Gérard de Nerval, *Les Chimères*.

Paronomase ➧rapprochement de mots de sens différents mais de sonorités proches

Qui se ressemble s'assemble.

Des noms, des noms (p. 48)

Ils sont redevenus des noms propres :

Amphitryon – Anouilh – Apollinaire – Dionysos – Théophile Gautier – Montherlant –Nietzsche – Salammbô – Sisyphe – Stendhal